宋周鉉 송주현（SONG JOO HYEON）——著
蔡佩君——譯

別再養育聽話乖小孩

給孩子無懼失敗的自尊，
培養有主見、有鬥志
但不執著輸贏的成熟個體

方舟文化

착한 아이 버리기

contents

Part 1
由孩子帶大的孩子

Part 2
與生俱來的孩子、逐漸轉變的孩子

例言

為保護本書登場之所有孩童的身分資訊，全書內容以假名標記並已更變部分資訊。

Part 1

由孩子帶大的孩子

話題攻防戰，喚醒學習好勝心

國小一年級的教育過程中，幾乎沒有在上課的感覺，課程都是以聽、說、寫（國語）；算（數學）；畫、剪、貼、跑、玩（趣味生活）；相處、共感、判斷（正確生活）；了解、探究、提問（益智生活）等活動來填滿。目的是降低學習壓力，同時也能讓孩童自然積累知識。

也許是因為這樣，孩子們總是不斷詢問著：「我們什麼時候才要開始上課？」他們明明是為了學習才來學校，想要努力讀書，為什麼老師不上課只讓他們玩遊戲？他們似乎認為自己已經成長到可以上課的階段了，並為此感到自豪。所以我都會刻意大量使用「上課」這兩個字，例如：如廁課、喝水課、玩具整理課、吃飯課。

倘若我在下課時間說要去上「如廁課」，就算我沒有多語，孩子們也會自動排好隊；如果說要去學生餐廳上「吃飯課」，孩子們則會努力比平時吃得更乾淨。

歸功於此，孩子們好像開始認為上課並沒什麼大不了的。接下來我就會更進一步讓孩子們針對各種主題上台報告。讓一位孩子上前練習「說話課」（培養報告的習慣），其餘的孩子則是要傾聽朋友說話，練習「聆聽課」（專注學習）。

在這種活動中，最耀眼的孩子就是善於說話的孩子，他們懂得觀看與聆聽，然後用言語說出自己所了解的事物。這種孩子會帶動朋友之間的談話，當然也就自然成為孩子們嚮往的目標，受到歡迎。除此之外，他們還可以帶動學習氛圍——這種孩子似乎是所有大人們心中最理想的孩子。

如果能夠把所有孩子都培養成這樣，那當然再好不過了，但這並不容易。因為儘管孩子們羨慕聰明的孩子，但那並不代表他們也想成為那樣的孩子。想要培養那些能力就必須加入談話、勇於發言，然而他們卻避之唯恐不及。

班導的角色，便是在教室裡鼓勵和煽動孩子，讓少數聰明的孩子可以勇敢地爭論。

當某個孩子說出一句話，我會試著讓其他孩子提出問題，透過這個提問的方式，讓他參與辯論。

一年級的孩子，提出的問題總是沒頭沒尾、不著邊際，所以很難延續話題。他們說出口的不是提問，反而更接近於挑起爭執，一旦爭執發生了，彼此就會為了不輸給對方，竭盡全力地進行防守。在這個過程中會引導出更正確的知識或理論，雖然從旁看來極其激烈，但是這個過程卻會帶來成長。

經過一整個三月份的努力，我終於讓我們班上的學生，全數都可以毫不避諱地溝通、發表各自的言論。現在，即便是聰明的孩子，也無法單靠自己長時間引導談話，因為他們會受到其他孩子的牽制（為了挑起爭執而提出質疑）。

孩子1：你們家牛舍裡有幾頭牛？
孩子2：一百二十八頭牛，但是禮拜六就可能有一百二十九頭了。
孩子1：為什麼？
孩子2：因為小牛快出生了。
孩子3：（攻擊）你怎麼知道小牛禮拜六會出生？
孩子2：（防禦）我爸爸說的。
孩子3：（攻擊）你爸說的不一定對，小牛也有可能禮拜日出生。
孩子2：（防禦）才不是，我爸爸從來不會錯。
孩子3：（攻擊）人怎麼可能都不會錯？你爸是電腦嗎？
孩子2：（防禦）我爸學過，所以不會錯。
孩子3：（攻擊）但是人類本來就不可能永遠都對，這件事取決於母牛生不生得出來。

在成人對話裡容易被忽略的部分，在孩子的對話裡卻是字斟句酌。也許是因為與生俱來的好勝心吧，由於孩子們都還認為自己是最聰明的（一整個三月我都在洗腦孩子「你們是最聰明的」），所以不再只看著朋友獨占鰲頭。

由於聰明的少數人在談話裡不再獨霸一方，也不再影響課堂氛圍，所以孩子們的對話變得更豐富了。只不過對話時常不太順利，偶爾討論會過於激烈，演變成情緒之爭。每當這種時候我就會稍微插點話，引導他們轉換話題。

孩子2：（防禦）可是禮拜六出生的機率很高，上次我爸也猜中日期了。

孩子3：（攻擊）少自以為是了，如果你爸錯了怎麼辦？

孩子2：（防禦）他才不會出錯！你爸可能會出錯，但我爸才不會。

孩子3：（攻擊）我爸又不養牛，他是計程車司機。

孩子2：（防禦）那你爸開計程車的時候不會出車禍嗎？

孩子3：我有說他不會出車禍嗎？

當對話開始脫離主題，陷入情緒上的爭執，我就會出面，稍微幫他們轉換方向。

我：孩子們……小牛是從蛋裡出生的嗎？

孩子們：（同時轉過頭看我）什麼？你說小牛從蛋裡出生嗎？當然不是。

我：不是嗎？但小雞是從蛋裡出生的啊！

孩子3：老師，小牛是從媽媽肚子裡出生的，我有看過。

孩子2：老師，牛是哺乳類動物，哺乳類是以幼獸型態出生的。

孩子3：因為小牛吃奶，所以是哺乳類，書裡有寫。

孩子2：哺乳類是脊椎動物，我的書裡有寫到這點。

孩子3：才不是脊椎動物，就是哺乳類。我說的是對的吧，老師？

我：哺乳類？那是什麼？

孩子2：牛是脊椎動物。我在書裡有看到，裡面寫著牛是脊椎動物，而且上面還有牛跟北極熊的圖片。

我：那應該是對的吧？如果書裡都這麼寫了。

孩子3：也有可能是他看錯了，只看一次哪會懂？

我：也是有可能，書要多看幾遍才會懂。

孩子2：老師你現在跟我們講答案不就行了嗎？

我：是嗎？可是我得要先去問問牛才行，還是我打電話給牛？

孩子1：老師，你一定又不知道答案了吧？真是的，急死我了！

孩子4：老師當然也可能不知道答案啊，你說話真沒禮貌。

孩子1：老師不懂的東西太多了。我們的學習之途完蛋了，連老師都不懂，我們還要向誰學。（丟書包）真是的，白來上學了。

孩子4：老師之後再讀點書不就行了，他讀完就會變聰明，然後再來教我們就好了啊。對吧，老師？

孩子們爭吵的過程，由於我再度介入其中，所以情況又改變了。

我：要不然老師去一趟教導處，問看看什麼是脊椎動物？

孩子4：不行啦！萬一其他老師到處說你連這個都不懂怎麼辦？這樣太丟臉了。

孩子2：老師等我一天吧，你們也都再等一天吧！我家有脊椎動物和無脊椎動物的書，我明天帶來給你們看。

隔天早上，孩子們圍繞在這本書的周圍。這名孩子逐一用手指著文字，慢慢翻頁，確定牛的圖片就放在脊椎動物的格子裡面，他得意地說著話，好似想刷清昨天的委屈一般。

孩子2：看吧，我說的是對的吧？脊椎動物裡面就有牛啊！

孩子3：嗯，你說的對！

爭辯就這樣結束了，結局大致上很平淡。

贏的孩子沒有驕傲，輸的孩子也沒有憤怒，更沒有人打算要計較誰輸誰贏。雖然他們都有好勝心，但是他們還不會執著在爭辯究竟誰勝誰敗。

確認完之後，帶書來的孩子若無其事地把書放回背包，孩子們的焦點瞬間集中到了遊戲之上。目前為止，這些都還只像是為了遊戲所展開的善意之爭。

他們在朋友的言談中，合理地挑起爭辯並加以反駁，而不是單純地爭吵。**孩子們互相牽制與防衛的過程，喚醒了他們隱藏的好勝心，自然而然開始了學習**。他們不知道這是學習，但他們已經在學習了；他們不知道這是成長，但他們已經在成長了。

這時我也抱持著老師的心態，既然他們都已經翻開了書本，我也希望他們能夠了解一下無脊椎動物，所以一臉窘迫地接著說——

我：不過，什麼是無脊椎動物啊？我看上面有梭子蟹的照片，是吃的嗎？

孩子2：（把書放到桌上）您想知道嗎？老師您自己過來看吧。喂，我們去玩盪鞦韆吧！

哎呀，他們都還只是一年級生而已。我呆呆地接下了書本，看著孩子們嘻嘻哈哈地跑向走廊。

適度裝傻，讓孩子自主找到理想楷模

二年級教室，美術課。

這堂課孩子們要想像並畫出大海裡的村落。開始之前，我讓孩子們閉上雙眼，先試著構思一幅圖畫。構思完之後，孩子們開始此起彼落說著自己想要畫什麼，蝦子、鯨魚、梭子蟹、貝殼、潛水艇、魷魚……我告訴他們，因為這是一幅來自於想像的畫，所以除了上述以外的所有東西都可以放進畫中。

孩子們開始著手繪畫，然而獨自環顧四周的善圭卻走到了我面前，問我：

「老師，我可以畫鯊魚嗎？」

我還來不及回答，其他的孩子就先插了嘴。

「當然可以啊，鯊魚就住在海裡，有什麼不行？」

善圭假裝沒有聽見，又再問了我一次。我稍微拖延了點時間，用疑惑的表情回答他：「鯊魚？鯊魚住在海裡嗎？還是不住海裡呢……？」

其中一位書讀得比較多的孩子，立刻挺身搶走了話語權。

「天啊！老師，你不知道什麼是鯊魚嗎？鯊魚住在海裡。我在書上看到的，我很確定。」

這一次，我又給出了一個模稜兩可的答案。

「可是老師從來沒有看過鯊魚。」

善圭帶著不耐煩，又再問了我一次：「所以我可以畫鯊魚嗎？回答我這個問題就好了，快點！」

「可以吧？鯨魚餅乾裡不是也有鯊魚嗎？孩子們，鯨魚餅乾好吃嗎？」

聽到自己熟悉的餅乾，孩子們騷動了起來。

善圭露出了安心的表情，開始畫起了鯊魚。孩子們討論著有關鯨魚餅乾的話題，聊得沸沸揚揚。我本來以為善圭會繼續畫畫，然而他又再度出現在我的面前。

「老師，那我可以畫海帶……嗎？」

又有一個孩子插了話：「當然可以，海帶也生活在海裡。」

聽到這句話的善圭勃然大怒：「你不要多管閒事！我在問老師，又不是在問你。老師，可不可以畫海帶？」

這一次，我又露出了疑惑的表情。

「這個嗎……可是老師也沒有看過海帶……鯨魚餅乾裡面有海帶嗎？還是沒有呢……？」

「鯨魚餅乾裡怎麼會有海帶，裡面都是魚類形狀的餅乾。」

「海帶生活在大海裡，我在海水浴場看過漂過來的海帶！」

其他孩子雖然已經代替我給出答覆，然而善圭依然逼問著我：「我想要聽老師說，到底可不可以畫海帶？」

「李善圭！你要畫什麼自己看著辦，不要一直問老師。」

「我就叫你別多管閒事了，我是真的不知道所以才問老師的。老師快回答我，我可以畫海帶嗎？」

此時其他孩子開始大喊：「老師不要跟他說。李善圭是因為想跟老師說話才故意這樣的，他明明就知道答案。就是因為老師每次都會回答他，他才總是想找老師說話。」

此時善圭一臉委屈地說：「才不是。是我媽媽叫我要問老師，真的。」

善圭陷入防守的時候，我站出來說了：「原來如此，是媽媽要你問的嗎？那當然要聽媽媽的話啊，老師不會在意的。」

「但是老師為什麼都不直說，每次都假裝自己不知道！請您直接告訴我，我可不可以畫海帶？快點回答我！」

「呃……海帶嗎……。」

「我知道了。我要畫海帶了，知道嗎？」

最後，善圭在我話還沒說完之前就自己下了結論，他回到座位，熟練地拿起蠟筆開始著色。

善圭的問題很多，但是大部分都不是必要的問題，然而每個年級都有幾位這樣的孩子。

面對他們，其他孩子們的目光並不友善。明明知道答案的事情，卻要一條條拿出來問老師，對於二年級的小朋友來說，他們很難理解這些孩子的處境。孩子們有時候很冷血，甚至會嘲笑他們只是為了引起老師的注意。

這樣的孩子自然而然會脫離其他小朋友，變得不合群，關係也會因此變得匱乏。孩子們必須要跟與自己程度不同的孩子一起相處，才能夠對成長帶來幫助，但由於他們只跟自己程度相仿的孩子一起玩，所以失去了成長的機會，反而不進則退。

這些孩子們很容易吸引老師的關注，因為他們的行為比同齡人更幼稚。老師的工作就是幫助這些孩子們成長，讓他們可以跟上其他孩子的腳步。

但我們也不能盲目地就跟這些孩子站在同一邊，因為這樣會讓他們以為自己的方式是對的，因而不想改變、安於現狀。

更嚴重的問題是，在其他孩子的眼裡，可能會認為老師偏袒他。如此一來，其他孩子就會嫉妒，反而可能齊心協力攻擊這個孩子。

有沒有什麼方法可以讓這樣的孩子不花費精力問不必要的問題，同時又讓其他孩子們不嫉妒呢？

最理想的方法就是，讓孩子練習在提問以前先自行思考和判斷。

為了爭取給孩子思考的時間，我通常都不會立刻回答問題，而是說一些有趣的話題來拖延時間。如此一來，在其他孩子們哄堂大笑的時間裡，這個孩子就會稍作思考。對於低年級的孩子來說，這種方法有時很管用。

✽

當天的午休時間。

有三、四位孩子在操場上玩著打石碑，離他們的不遠的地方，善圭正獨自一個人玩耍。我從學生餐廳出來之後發現了善圭，我帶著他去找孩子們，提議大家一起玩，孩子們也讓善圭加入了遊戲。

不久之後，午休時間都還沒結束，剛剛那些孩子們朝著我跑來，善圭也一臉為難地跟了過來。

「老師，我們真的太氣了，沒辦法跟李善圭一起玩。我們之後不會再跟他一起玩了，請老師不要再叫我們一起玩了！」

善圭也拉高了嗓門：「你們先叫我走開的不是嗎？老師，他們就是不想讓我玩。」

「喂，李善圭！那是因為你先不守規則！是你自己越線的。老師，李善圭在說謊。」

「我們以後不跟善圭一起玩了，他每次都只按照自己的想法做事。」

善圭的眼神裡充滿著委屈。

「我才沒有只顧自己。是他們自己玩了很久，每次輪到我的時候就說我踩線死掉了，我沒有說謊。」

「才不是這樣。李善圭老是踩線，我們一開始也放水了一、兩次，是他一直拜託我們讓他。」

「那是因為你們只讓我兩次，我不是說要讓我三次嗎？」

「讓你兩次已經很多了，你有沒有良心啊？」

「我媽媽說三次以內都沒關係，我沒有說謊，你們可以去問我媽媽。」

那天下午，我把善圭叫來，問他剛才是不是真的不知道能不能畫鯊魚和海帶，善圭回答說他其實都知道。

「你都知道嗎？善圭真是聰明。但是……你明明知道，為什麼還要來問老師呢？」

「我想告訴媽媽，我有問老師問題。」

「告訴媽媽？然後會發生什麼事呢？」

「媽媽會說『知道了』，有的時候也會稱讚我『做得很好』。」

「那如果善圭沒有問老師問題……可能會發生什麼事呢？」

「不行。媽媽跟我說一定要先問老師。」

「那麼……你還有其他時候明明已經知道答案，卻還是向老師提問嗎？」

「有。」

「剛剛你跟朋友一起玩打石碑的時候，有沒有踩到線呢？」

「有，一點點。但是沒有超過很多，真的。」

「所以其他小朋友才說你踩線了嗎？」

「對，但我沒辦法不踩線，如果不踩線的話，石頭就丟不到對面。」

「但是……規則裡面好像有一條是不能踩線吧？」

「對，所以我只有踩了兩次線，雖然再踩一次線我可能就會贏了，不過贏了的話也會被其他人說話。」

「你是因為想贏才踩線嗎？」

「對，因為我媽媽說，會贏的事情再做，會輸的事情就沒必要做。」

善圭明知故問和踩線的原因，竟然都是為了聽媽媽的話。這樣的孩子是怎麼被教育出來的呢？我們必須觀察孩子的成長環境。

當父母意識到善圭比其他孩子成長得稍微慢一些，他們擔心了起來。最根本的擔心，來自於害怕自己的孩子跟不上別人。善圭的遲緩狀況是——其他孩子已經了解的事情，他沒能及時學會。而善圭父母所抱持的心態是——若孩子有不懂的事情，就算是要鍥而不捨地不斷問老師，也希望他能跟上其他孩子的腳步。所以善圭的父母會在他放學回家的時候，確認他今天問了老師多少問題，如果他沒有提問，可能還會遭到訓斥。善圭為了不讓母親失望，所以努力提出問題。

然而問題就出在善圭糾結的「提問」，他被困在父母「不知道就要問」的要求之中，無法體驗如何用自己心裡的想法做判斷，也無法培養彈性思考。

我可以理解父母希望孩子即便踩線也要獲勝的想法，但是這會導致孩子認為只有獲勝才是最重要的——這種想法不是來自於孩子的本性，而是孩子被灌輸了「要比別人更好」所導致的結果。

在孩子的世界裡，違反規定就會受到譴責。即便違反了規則也想獲勝的孩子，最後就必須承擔失去朋友的結果。對於內心脆弱的善圭來說，要踩兩次線並不容易，不，就算只踩一次線，對他來說也很痛苦，因為會被朋友們討厭。但即便如此，他還是必須踩線，因為只有踩線才能獲勝，這就是媽媽的期望。他想要獲勝，以證明自己對媽媽的愛。

想要實踐媽媽的要求，以及不想失去朋友的心情——善圭要到什麼時候才能平衡這兩者的重量呢？其他小朋友們到了高年級後，還能接受會犯規的善圭嗎？可惜的是，孩子的世界裡並沒有這種慈悲。

像善圭這樣的孩子，大致上都會出現類似的行為。以孩子們所說的話來看，善圭就是這種孩子：

「很常講莫名其妙的話。」（他會提出突如其來的問題，或是在參與一般的團體遊戲時漫不經心，使團隊輸掉比賽。）

「我跟善圭玩到一半有點生氣，雖然我跟他道歉了，但他還是跟老師告狀。而且他也很愛跟媽媽告狀。」（每當受到朋友指責的時候，就會想透過向老師或父母告狀，來報復這些朋友。）

結果其他孩子們也為了報復善圭的態度，對善圭冷處理，或是巧妙地甩開他。老師的角色得要教導其他孩子，善圭其實也很努力在跟大家拉近距離，但是某些狀況下，還是會發生連善圭都沒有意料到的結果，所以大家要耐心地、冷靜地解釋給他聽。然而，想要告訴二年級的孩子，什麼是關懷和惻隱之心並不容易。

以善圭的對話和學習能力來看，他的智商雖然不能說高，但也不到需要接受特殊教育的程度（IQ低於七〇以下）。雖然他比較笨拙，但是他可以參與遊戲，甚至還能擬定如何取勝的策略（為了獲勝而踩線），可以說他跟其他孩子並沒有兩樣。

我們可以從好勝心裡面找到孩子希望的是什麼嗎？**孩子們唯一會自動自發的時候，就是好勝心被驅動的時候**。好勝心是我們內在的本性，這是生存的方法，也是保護內心的鎧甲。善圭的好勝心，有辦法不變成他被朋友們討厭的原因，同時又成為讓善圭懷抱毅力的工具嗎？

✽

下課時間。

一名剛剛和善圭玩在一起的孩子，氣喘吁吁地向我跑來。

「老師，烏龜也是住在海裡對吧？快點跟我說答案，現在情況很危急！」

「烏龜？烏龜有住在……海裡嗎？我要打通電話問問烏龜才行……。」

「不要這樣，烏龜不是也住在海裡嗎？但是李善圭老是在那邊胡言亂語。」

「我才沒有無言亂語，我是說烏龜也可以居住在陸地上！」

「你說謊，你明明說烏龜沒辦法在海裡生存。老師快點回答我，我急到快瘋了！」

「好啦，那老師就直接說囉！」

「好，快點說。李善圭你聽好了，不要老是在哪邊搞笑，知道了吧？」

對方來勢洶洶，但善圭用垂頭喪氣的眼神看著我。

如果我回答「烏龜可以居住在大海裡」，那麼善圭的好勝心也許會蕩然無存。在老師面前失敗的經驗，很可能會變成創傷，使他漸漸開始遠離朋友們。這件事對於和善圭爭辯的這位孩子來說，除了被認可是對的以外，並不會有其他收穫；但是對善圭而言，卻可能失去一位玩伴。對於孩子們來說，比起烏龜住在哪裡，更重要的是擁有可以一起玩的朋友。

孩子們玩耍的過程中，肯定會有爭執，因為他們還不懂如何解決，所以每一件事情都會跑來問老師。問題是，對於這個時期的孩子來說，老師的話就是絕對的。如果老師用一句話總結了整個情況，孩子們就不能繼續爭辯，也沒辦法培養出自己的邏輯思維——換句話說，這樣做會扼殺孩子成長的機會。

這個時候，如果老師保留結論、拖延時間，爭辯的熱度就會逐漸消退。所以我為了讓孩子們可以繼續討論下去，都會先說一些莫名其妙的話，然後再慢慢從中淡出。

「啊，我想起來了！烏龜好像住在樹底下，老師在書上看過。」

「蛤？烏龜住在什麼樹下？」

孩子聽到我的話哈哈大笑，善圭也好像有些無言地笑著，似乎跟朋友站到了同一陣線。

「老師，那是以前的故事啦，實際上才不是那樣！那只是龜兔賽跑的故事，不是真的。」

「對哦。那這一次我要說正確答案囉，烏龜究竟是住在哪裡呢……答案是……是……！」

「快點講，下課時間快要結束了。」

此時善圭跟朋友站在了同一陣線，開始逼老師說出答案。這些小傢伙們，終於站在同一邊了。

「那……就是……住在城市裡面。老師有看過，牠們走路很快又會打架，好像還會吃比薩？」

「哎呦，老師這次說的是忍者龜對吧？」

「哦？你也看過嗎？很好看吧。呀！呀！哈喝！」

當我在孩子面前開始模仿起忍者龜的時候，兩個孩子好像再也沒有問題了一般，轉身就走。

「算了，我們去玩吧！」

稍早之前還爭鋒相對的兩個孩子，此時已站在了同一陣線，面對老師這個共同的敵人。

當孩子爭辯的時候，大人沒有必要扮演區分是非對錯的法官。面對每一件事情都過分提問的孩子，也沒有必要逐一提供答案。適當地裝不懂，孩子們就不會只仰賴大人，而是能藉由自己的知識和邏輯分辨是非對錯，尋求答案；出現阻礙的時候，他們也會去尋求其他孩子的幫忙。在這個過程中，知識和邏輯方面領先他人的孩子就會展露頭角，被孩子們視為是「聰明的朋友」。而孩子們會把這樣的朋友理想化，向他們學習。

對善圭來說，比自己成熟的孩子全都是理想化的對象，所以必須要盡可能讓他經常、大量與朋友們相處。在學校裡要讓他可以跟各式各樣的朋友一起玩要；在家裡則可以招待朋友來訪，提供機會讓他跟別的孩子一起玩。

想培養稍微有些落後的孩子，要靠的正是其他的孩子。

爬樹小子，重獲自信的一瞬間

我第一次見到大榮是在二十幾年前，當時我正在某工業園區附近的學校擔任二年級的導師。

在那個社區裡，待在操場上就可以聞到鐵夯的味道，就連上課時間，起重機運作的聲音都會使得窗戶晃動，咚咚作響。孩子們也常在沿著學校排好的貨車之間玩捉迷藏，學生們的家長大部分都是工廠的勞工，也有很多像大榮一樣，來自多元文化家庭的孩子。

從學年度第一天開始，大榮就不太說話。他也不跟我對眼，總是巧妙地避開，試圖隱藏自己。依照他一年級導師所述，他幾乎沒有開口說話。我問了和他住在同一條巷子裡的孩子們，知道他們偶爾會交談，但只要聽不懂大榮說什麼，再追問他一次的話，大榮就幾乎不再開口了。就像大部分對韓文陌生的孩子一樣，大榮也許是害怕朋友嘲笑他發音口齒不清。

我觀察了幾天，發現他好像聽得懂必要的字句，也很會看臉色，光看我的表情就可以清楚掌握情況。他字跡清楚，摺紙的時候手藝也很幹練。但是跟朋友發生爭執的時候，也許是難以用言語解決的關係，總是會大喊大叫或委屈落淚。由於他聽力和寫作不太行，學習能力不高，較難跟朋友建立關係。

四月面談週，大部分的家長都提交了面談申請，但是大榮的父母並沒有申請。我偶爾會遇到不申請面談的父母，所以並不覺得奇怪，不來面談也不代表孩子就成長得不好。但是我認為大榮應該需要家長面談。

如果因為孩子的問題，強行要求父母面談，有可能會讓他們不開心，所以我很苦惱。這種時候，我習慣先打通電話，用聲音與他們打個照面，然後再問對方：「您會來面談吧？」通常對方都難以拒絕。

我打電話到大榮家裡，他的母親接起了電話。我講了好一陣子的話，卻沒有得到任何回應。啊，我有聽說大榮的媽媽是外國人。我立刻打電話到大榮父親的手機，電話裡的父親接到班導突如其來的電話，聲音中一半是驚慌，另一半則是不願意面談但是又不好意思直接拒絕的尷尬。我假裝沒發覺，仍然邀請他來學校面談。

與大榮父親面談的那天，我聽到了很多關於大榮的故事。

年輕時一直在工廠工作，不小心錯過適婚年齡的大榮父親，在年過四十的時候，到越南娶回了一位新娘。然而妻子出乎他的意料之外，非常難以在韓國生活，甚至在生下大榮之後得了憂鬱症。來到陌生的國度，大榮媽媽似乎非常難以適應，所以大榮父親便把妻子跟大榮先一起送回了越南。

一直到了大榮五歲的時候，為了讓大榮上幼稚園，才又再次把他們接回韓國。然而問題正出在這裡，大榮不會說韓語，所以很難交到朋友，就算起了爭執，因為難以用言語解決，所以大多時候，大榮都用肢體碰撞來處理。在幼稚園裡，大榮非常固執，而且經常哭泣，每當大榮父親接到老師抱怨大榮很難管教的電話時，都會訓斥他，但大榮只是哭泣，依舊沒有改進。由於大榮媽媽會袒護大榮，所以爸爸又更加嚴厲地責怪大榮。

我建議大榮爸爸，因為大榮小時候跟父親分隔兩地，原本兩人相處就已經很困難了，假如大榮爸爸又總是責備他，大榮會更難和爸爸拉近距離。由於他們彼此之間培養感情的時間已經很少了，所以現在應該先多陪大榮玩，培養親密感，管教那種事以後再說。

面談結束之後，我問了大榮爸爸，大榮擅長什麼事情，得到了一個意料之外地回答：「他很會爬樹，像猴子一樣。越南婆家那邊的庭園有一顆大樹，大榮都會爬到頂端坐在上面。」

✻

隔天體育課，我帶孩子們去到操場的攀爬架前讓他們玩遊戲，依序吊在攀爬架上爬到另一邊，孩子們都一直無病聲吟著自己手掌好痛、手臂好麻。但果不其然。大榮輕輕鬆鬆一轉眼就通過了兩、三格，孩子們都為此發出讚嘆。

「哇，好強！老師，你快看沈大榮，他一下就爬過兩格了！」

「（我假裝沒看到）怎麼可能！二年級的學生怎麼可能爬得過兩格？這種事連六年級的大哥都做不到。」

「老師，真的啦！你快看大榮！」

孩子們突然開始朝著大榮拍手，喊起：「沈大榮！沈大榮！」大榮對於這個情況有點手足無措，看著我的臉色。我代替孩子們走到大榮面前，假裝用手越過攀爬架，問大榮是不是可以爬過兩格。面對突如其來的歡呼聲，大榮臉上帶著尷尬。我牽著大榮的手走到攀爬架，稍微推了一下他的背。此時大榮吊在上面，爬過了兩格。孩子們又開始拍手叫好。

「看到了吧？我們沒有騙你。大榮真的可以像猴子一樣爬過去。」

「對啊，老師也嚇到了。大榮該不會是猴子吧？」

「大榮是人啦！如果老師不相信大榮有多厲害，那就跟他比賽啊。」

「比賽？好啊，老師可是很擅長玩攀爬架的。嗯哈！就讓你們瞧瞧老師的實力！」

突然之間，我和大榮開始了一場攀爬架比賽。孩子們分成兩派開始助威，我和大榮一起吊在起點，一旁的孩子們高喊著：「三、二、一，開始！」

我迅速搶先大榮向前爬了幾格，然後開始假裝沒有力氣，搖搖晃晃地吊在上面。

「哎呀，老師的手快鬆掉了，快點救他！」

雖然孩子們跑來托住我的身體，但我仍然掉了下來，一屁股坐到了沙地上。在這段時間裡，大榮已經輕鬆地爬到攀爬架的另一端了。我一邊抖著沙子，一邊說：「我承認沈大榮是攀爬架冠軍！」

這個時候孩子們開始鼓掌，圍繞在大榮身邊。光是可以戰勝老師，孩子們就覺得大榮真是太厲害了。雖然大榮的表情依然顯得手足無措，但是看起來心情並不糟。我故意耍脾氣，說著：「才不是，老師是因為沒有做暖身運動才會輸的。」

我揮揮雙手說：「老師已經暖好身子了，讓我們開始一場真正的對決吧！」然後指著攀爬架旁邊的櫸樹：「五秒內看誰可以爬得比較高，誰就贏了。老師小時候很常爬樹，這次一定會贏的。」

不知不覺間，孩子們都站在了大榮那一邊，開始對我挑三揀四。

「這樣不對吧！怎麼可以用老師擅長的東西來比賽？而且老師不是比較高嗎？這樣是犯規。」

「對啊，老師就認輸吧，不要這麼卑鄙。」

我擺出一副更生氣的表情，開始耍脾氣。此時有幾個孩子跑向大榮，問他：「大榮，你會爬樹嗎？如果你很會爬樹的話，就可以贏過老師了。」

「……。」

「你不想比也沒關係。你攀爬架已經打敗老師了，已經是一比零了。」

「……。」

我也試著慫恿大榮。

「大榮，你沒信心的話就放棄吧，那就當作老師不戰而勝了，哈哈。」

「哪有這種事？這是犯規！」

大榮依舊擺著一副不肯定也不否定的尷尬表情，對於孩子們突如其來的關注感到難以負荷。

此時，有一位孩子提出了建議：「老師身高很高，大榮還這麼小，所以我們要幫大榮稍微托著屁股，這樣子才公平。」

「是嗎？隨便你們，不管怎樣我都會贏。（做著手臂運動）殺啊殺啊！」

「老師不要再暖身了，大榮都沒有暖身。如果只有老師做暖身操的話就不公平了。」

過了一會兒，在孩子們滿滿的聲援下，大榮走到了樹下。他抬頭看了看樹，開始慢慢脫起鞋子。此時，一個孩子迅速拿起了大榮脫掉的鞋子，其他的孩子們合力撐起大榮的屁股，往上抬了一公尺左右。

擔任裁判的孩子發出了出發的信號。孩子們開始倒數五秒，大榮熟練地嘟著嘴，看似已經做好心理準備一般，抓住兩旁的樹枝，爬到了大人身高兩倍左右的位置。對於沒有爬過樹的孩子來說，那是難以抵達的高度。孩子們驚訝地大叫並拍著手。

我也擺著一副自信滿滿的表情，蹦蹦跳跳爬上了樹。但是好景不常，我就像是蟬一般，搖搖晃晃地吊在上面，不過一會手臂就沒了力氣，支撐不住而滑了下來。看到這一幕的孩子好像覺得很有趣，哄堂大笑了起來。

大榮從樹上爬了下來。其中一個孩子高舉著大榮的手，大喊：

「沈大榮兩分，老師零分！」

所有孩子都一起向大榮豎起了大姆指。

「哎呦喂，老師的手都脫臼了。不過說來真奇怪，我還以為大榮什麼都不會，也不會說話、也不會聽寫。」

「哪有什麼都不會？我們不是都看到了嗎？大榮他很會玩攀爬架，也很會爬樹。」

「是啊，真令人匪夷所思。大榮連聽寫都不會，怎麼這麼會玩攀爬架。」

「那是因為大榮之前住在越南啊，如果他住在韓國的話，一定也很會說話，很會聽寫。」

那天以後，大榮的外號就變成了「李大榮（2：0）」[1]，象徵他打敗了老師兩次。我在叫大榮的時候，也都叫他李大榮。越過攀爬架從此成為了一種流行，每當下課孩子們就拉著大榮去玩攀爬架。剛開始還有些猶豫不決的大榮，隨著時間流逝，也開始會大方地拉著朋友的手一起出去。

自然而然地，體育課做完熱身後，下一站就是攀爬架。雖然主要還是大榮最擅長，但是隨著時間過去，也有幾個孩子可以像大榮一樣攀爬，這些孩子也跟大榮變得更親近了。隨著和朋友們相處的時間增加，原本只會說「是」和「不是」的大榮，漸漸開始有了更多詞彙。

✻

暑假到了。當時我的興趣是跟朋友一起去露營，但偶爾也會帶沒有露營經驗的孩子一起去。我問了大榮想不想去露營，也問他想跟哪些朋友一起去，並且取得了大榮父母的同意。

我跟孩子們一起去科學教室借了星座盤、去圖書館借了昆蟲圖鑑，還買了在水溝裡捕魚用的漁網。孩子們坐在後座，把星座盤蒙在頭上開著玩笑，不亦樂乎。

當我和朋友在搭帳篷的時候，孩子們聚在一起，其中一位孩子向其他的孩子們介紹了大榮。

「他的錯綽號是李大榮，也可以叫他二比零。對吧？李大榮？」

1 譯註：韓語中李大榮與「二比零」發音相同。

「嗯。」

「為什麼他叫李大榮？」

接著這位孩子開始說起了大榮和老師比賽攀爬架和爬櫸樹的故事。由於其他孩子都不相信，所以他開始鼓吹大榮爬樹。大榮毫不猶豫地脫下鞋子，一瞬間就爬到了樹上。其他孩子們發出「哇，好強」的驚嘆。

心情變好的大榮，跑過來跟我要了漁網，接著跑進了水溝裡。在這個過程中，他為了讓朋友們可以順利通過滑腳的石頭，還牽起了對方的手。

玩完水之後，我要求他換衣服，他也一聲不吭地就換好了。甚至在我沒有要求他的情況下，依照合適的距離，把衣服掛上了晾衣繩。

也許是因為他向朋友們展示了自己爬樹的實力，所以心情很好吧，他現在好像不管做什麼，表現得都比在教室裡更好。

不知不覺間，太陽已經逐漸西下，到了做晚餐的時間。我在帳篷裡鋪好了被子，叫孩子們幫枕頭充氣。我把米放進飯鍋，點燃了火爐並說道：「十分鐘過後飯鍋就會滾了，鍋子會發出洩氣的聲音，這個時候的鍋子很燙，一定要小心。等到洩氣的聲音出現五次之後，就必須要關火。」

此時，孩子們伸出了五根手指頭。

「五次嗎？如果叫了第五次但沒關火會怎麼樣？」

「那我們就沒飯吃了。」

「啊，原來如此。」

我裝作不知道，把飯鍋交給了孩子們。雖然距離飯煮好還有一段時間，但當我一回頭，就看到大榮坐在飯鍋前守著。就連朋友進到帳篷裡面，叫他一起來玩，他仍一動也不動，最後朋友們都出來一起蹲坐在大榮旁邊。他們像沙粒似地竊竊私語，不知道在說著什麼，然後突然大笑起來，還一直點著頭。大榮等到飯鍋確實洩了五次氣之後，把火關掉，過來叫我。他是一個富有責任感的孩子。

隔天一早，大榮叫醒朋友們，自己去了洗手間大號，還收拾了行李。前一天玩水時浸濕的球鞋沒有乾，每次走路都會發出咕滋咕滋的聲音，但他沒有耍脾氣或哭泣。就像他很會爬攀爬架一樣，現在的大榮好像已經成為一個什麼都做得很好的孩子了。

開學後的第二個學期，大榮開始參加為學習進程較緩慢的孩子所準備的學習課程。就像大部分的多元文化家庭孩童一樣，大榮一開始也因為語言而感到困難，但隨著時間過去，他的能力越來越好，甚至成為了比一般孩子更會讀書的孩子。

✻

多虧大榮同學創辦的社群平台，不久前我又再度收到了大榮的消息。比起其他孩子，我唯獨對大榮的狀況感到好奇，我搜尋了一下，果不其然，他已經成為了一個帥氣的三十歲男子。

大榮去到外婆家的所在之處——越南，在那邊經營著以韓國觀光客為對象的餐廳和旅行社。由於他對韓國與越南的文化都非常熟悉，他很快就紮穩了腳步。可能因為他從以前就一直有跟朋友們保持聯繫，還有一些孩子為了見大榮特地去越南旅行。

大榮大學時中途退學，當完兵之後在父親的介紹之下去工廠任職，但沒能堅持太久，因為公司裡的人把大榮當成外籍勞工，恣意對待。雖然他去學了開車，再度找到工作，但結果仍然一樣。本來他想著再多讀點書，考點證照也許情況會有所好轉，但這條路並不容易。據說他還曾經埋怨過父母。

有一天，他突然想起了外婆家所在的越南。有了新目標之後，他再次開始努力工作，存了一點錢後出發前往越南。

大榮在艱難的環境下成長，即便他沒有規規矩矩地長大，但也已經無可挑剔了。他或許曾因為自己的處境感到悲觀，以負面的態度面對這個世界，然而謝天謝地，還好他自己重新站了起來。

說來也是，當年他可是攀爬架上來去自如的大榮，哪有什麼做不到的？

學長，影響力更勝師長

一年級的孩子們正坐在教室後方玩耍。

突然間，不知道吹的是什麼風，他們開始提起了國家名稱。其中一位孩子向其他朋友提議，要比賽誰知道更多國家的名字。有兩個孩子可能對於要打賭感到壓力，所以回到了座位上。但回到座位之後，也許他們沒事可做，所以一直看著後方在玩耍的孩子們。

會盯著朋友們看，表示他們想要跟這些朋友們一起玩。他們也許還在揣摩這款遊戲的氛圍，但是身為班導，有責任要讓孩子們在毫無顧忌的情況下和朋友們一起玩耍。

一年級的孩子們會認為自己很聰明，因為他們從小到大，幾乎都不會聽到負面的評價。在他們的成長過程中，每當學會站立、走路、講話，就會收到家人至高無上的稱讚，因而導致了這種結果（當對孩童的稱讚開始轉換成指責和嘮叨，孩子的學習慾望便會下降）。所以面對這個時期的孩童，只要以遊戲之名（？）行學習之實，孩子們就會全心全意地投入其中，國家名稱遊戲就是其中之一。

孩子們同時大喊「開始」。其中一位孩子率先說了：「韓國！」母親來自越南的孩子接著說了：「越南！」緊接著其他孩子又說：「中國！」接下來開始出現日本、北韓、美國等我們所熟知的國家。此時，突然有一個孩子說：「瓜地馬拉！」其餘的孩子對這個回答提出了質疑。

「瓜地馬拉?哪有這種國家?你在說謊吧?」

那個孩子用委屈地表情說：「真的有瓜地馬拉，我沒有說謊。」

也許是他們不相信那個孩子所說的話，其他的孩子向我提問：「老師，真的有瓜地馬拉這個國家嗎？」

我用著充滿自信的表情說：「有啊，我吃過。瓜地……那不是餅乾嗎？裡面還有果醬，很好吃呢！」

提出瓜地馬拉的孩子，一臉無語說：「吼，我說的是瓜地馬拉，不是餅乾，是一個國家。」

他說完之後，我假裝稍微有些沒自信，但依然用著厚臉皮的表情說：「國家？那個國家也吃瓜地馬拉餅乾嗎？這種餅乾吃太多的話，牙齒會爛掉耶？」

我繼續牛頭不對馬尾地談論著餅乾，其他孩子也開始聊起了好吃的餅乾。然而其中一位孩子從位置上站了起來，大步向我走來，並問道：「所以說，有沒有瓜地馬拉這個國家？老師只要回答我這個問題就好。沒有對吧？」

我用傻乎乎的表情，挖著鼻孔說：「我哪知道，你們老是問一些我也不懂的問題。」

此時其他孩子也突然站了起來，嘟囔著說：「我快急死了，你們以後都不要問老師問題了，老師也不知道啊，我去問我姊姊然後再跟你們說！」

有三年級姊姊的孩子，在我還來不及阻攔的情況下，跑出了走廊。有四年級哥哥的孩子也跟著跑了出去。

「我也去問我哥哥！」

當這兩個孩子跑出去，其他孩子也感覺好像有好戲可看一般，跟著跑了出去。當場只剩下兩名沒有參與遊戲的孩子，我對他們說：「你們也去看看吧，看看哥哥們知不知道瓜地馬拉。」

這兩個孩子，好像已經等很久了似地，蹦蹦跳跳地像兔子一樣發出打鼓的聲音也跑了出去。

孩子們穿過走廊，正要爬上教導處旁邊的樓梯時，正好遇見了教導主任。高年級的孩子也許會因為害怕而安靜下來，但是不知道誰是教導主任的一年級新生並沒有這麼做，他們不分青紅皂白地就問教導主任：「阿姨，有瓜地馬拉這個國家嗎？快點跟我們說！」

教導主任看到站在遠方的我，好似是想了解情況，所以沒有立刻回答。

「瓜地馬拉？怎麼了？」

其中一個孩子說：「我們剛剛在玩國家名稱比賽的遊戲，所以要快點知道瓜地馬拉是不是一個國家，因為就連我們老師也不知道答案。阿姨快跟我們講答案。」

此時另一個孩子站了出來。

「你真的很沒禮貌欸。我們老師不知道答案也有原因啊，為什麼要跟阿姨說，讓我們老師很丟臉！」

然而這位孩子用著委屈的表情說：「就是因為我們老師不知道，我們才這麼辛苦啊！」

當這兩個孩子在爭吵的時候，其他的孩子已經直接越過教導主任，爬上了二樓。其中一位孩子抓著已經三年級的姊姊問了問題，其餘的孩子眼睛散發著光芒，緊盯著姊姊的嘴巴。當他們發現姊姊好像也不知道，又趕緊跑去問其他哥哥。

透過幾位哥哥的口，孩子們知道了這個世界上真有瓜地馬拉這個國家，於是跑回了教室。咚咚咚，這次聲音像是勝利的腳步聲。

走進教室之後，其中一位孩子自豪地說：「看吧，老師你不知道的瓜地馬拉，真的是一個國家的名字。我們還跑上去二樓問哥哥們，喘到我以為自己要死了。」

「真的嗎？有哥哥知道這個答案嗎？」

「六年級的成烈哥。」

「哇，那個哥哥好像很聰明耶！」

「那個哥哥很會讀書。我們入學的時候都有看到他啊，他就在最前面朗讀信件。」

「原來他就是成烈哥。」

「對啊，他比老師還聰明。這下子出大事了！老師不知道什麼是瓜地馬拉，如果傳出老師比成烈哥還不會讀書的傳聞，老師會丟臉到不行。」

「對耶……出大事了。」

「但幸好……」

「幸好什麼？」

「我有跟那些哥哥說，不要跟別人講老師不知道瓜地馬拉的事情。因為我怕老師會覺得丟臉。」

「太謝謝你了，老師差一點就要難為情了。」

在我假裝安心的時候，平常因為太過沉迷智慧型手機，讓父母擔心不已的孩子，突然握住我的手說：「所以說，老師你要多看點書，不要只滑手機。如果你手機成癮的話該怎麼辦？」

「天啊，你怎麼知道老師都在滑手機？」

「我一看就知道了。我媽媽說過，如果不讀書只滑手機，而且還手機成癮的話，腦袋就會變笨，那就不能去上大學了對吧？沒辦法上大學，也沒辦法賺錢，會變成乞丐。」

「原來如此，謝謝你告訴我，我差點就讀不了書了。」

可能是因為提到跟書有關的話題，孩子們突然湧向書櫃，每個人拿起一本書，開始讀了起來。可能是看到聰明的成烈哥，讓他們也變得想讀書了吧！

剛開始讀不過十幾分鐘，一年級孩子的專注力很快就到了極限。孩子們悄悄地把看過的書放在教室的地板上，開始拿玩具玩了起來。我試圖想讓孩子們繼續閱讀，所以說：「但是，成烈哥是做了什麼事，怎麼會那麼聰明？」

一位跟成烈是鄰居的孩子開口說：「成烈哥讀很多書，家裡的書也很多，所以才能當上學生會長。」

「原來如此。」

「他不是因為讀很多書才當上學生會長的吧，是姊姊們票選出來的。」

「就是因為他聰明才選他啊，難道會選笨蛋嗎？」

「才不是，他是因為很會上台說話，所以大家才選他的。」

「要聰明才能很會說話啊，對吧，老師？」

「是嗎？老師也想要能言善道呢……。」

「所以你要多看書，知道了嗎？」

當我們一談到書，孩子們又默默放下玩具，再度拿起了書。斷斷續續地，我能聽到孩子們讀書的聲音。

✿

那天的午休時間。成烈吃完午餐經過一年級的教室時，我把他叫了過來，拜託他幫忙回答一年級孩子們的疑問。

「哥，你是因為讀很多書才變聰明的嗎？」

成烈搔了搔頭。

「我？我不算聰明啊……。」

「你不是連瓜地馬拉都知道嗎？」

「六年級很多人都知道瓜地馬拉。」

「真的嗎？六年級很多大哥都知道瓜地馬拉嗎？哇，好強！」

「我們確實是稍微聰明了點！」

孩子們被成烈神采奕奕的樣子逗樂了，哈哈大笑。

「哥，你也讀很多書嗎？尹秀說你們家有很多書，好像超過一百本耶？」

「嗯，我幾乎都看完了。」

孩子們驚呆了。

「都看完了？哇，太強了！」

「哥真的好聰明，連聽到瓜地馬拉也可以馬上知道是什麼。」

「別擔心。等你們六年級的時候，會變得比我更聰明。」

「我們怎麼會變聰明，我們連一百本書都沒有。」

「我一年級的時候也沒有在看書，跟你們一樣。」

「真的嗎？我已經讀完十本書了。」

「我也讀完十本書了，對吧，老師？」

我故意假裝要說給成烈聽：「那當然，我們一年級的學生可是讀了很多書呢，我今天早上也看見他們在看書。」

於是孩子們又拿起了剛剛放下的書。看著眼前的光景，成烈發出了讚嘆：「哇，一年級就讀這麼多書，到了六年級肯定會變得很聰明！」

這麼一說完，孩子們感到心滿意足。其中一個孩子對成烈說：「我們如果有不懂的東西，可以去問哥嗎？我們老師有很多東西都不……（看著我的臉色又稍微換了說法）不是，假如我們老師有不懂的地方，我們可以去問哥嗎？」

成烈回答了「那當然」，並摸了摸孩子們的頭。

自從那天之後，孩子們一有不懂的東西，就會蹦蹦蹦跑過走廊，到二樓六年級的教室。不懂加法減法也跑去，有不認識的字也跑去。由於六年級的孩子們樂於接納，也很疼他們，所以孩子們又更常去了。連跟朋友吵架，或是不懂遊戲規則也跑去。我買了幾袋糖果，拜託六年級的孩子們，只要一年級的孩子們去找他們，就給他們糖果。

孩子們漸漸越來越越喜歡哥哥和姊姊們。有的時候六年級的孩子們在操場上玩耍，即便他們還在上課，也會跑到教室的窗戶邊揮舞雙手，大喊姊姊、哥哥。

這段時間裡，一年級的孩子們把六年級給理想化了，甚至還會鑑定哪個哥哥很親切，哪位姊姊懂很多，同時他們也希望自己以後可以成為這麼棒的學長姐，他們把六年級的孩子當成了典範。

孩子們會自動自發讀書，努力用親切的方式說話，用盡心思想讓自己看起來像個大人，想像著自己未來也會成為這麼棒的前輩。

培育同理心與情緒控管的「衝突解剖」

午休時間。

三年級的學生正在學生餐廳裡用餐。

討厭洋蔥的美琳，把小菜裡的洋蔥悄悄丟到了餐廳地上。剛好目睹這一幕的恩妃說：「妳自己去跟學餐負責的老師坦白吧，我看到妳因為不想吃洋蔥，把洋蔥丟到地上了。」

聽到這句話的美琳慌慌張張地回答：「我沒有把洋蔥丟到地上，只是放在旁邊結果掉下去了。」

「妳說謊，妳以為大家都不知道妳是故意丟下去的嗎？我要去跟老師說。」

美琳匆匆吃完飯，逃命般跑回了教室。恩妃也迅速把剩下的食物丟到廚餘桶裡，緊跟在後。美琳一到教室就背起包包準備離開，但是被緊跟在後的恩妃給擋了下來。

「妳要逃去哪？妳是怕被老師罵吧？我都知道。」

美琳把恩妃推到一旁，反駁著。

「才不是，我媽媽叫我快點回家，走開啦！」

恩妃抓住美琳的背包。

「妳說謊。妳以為我不知道妳想搭補習班的車逃跑嗎？」

想走的美琳和不讓美琳離開的恩妃，雙方互相拉扯，最後一起跌倒在教室的地板上。美琳把恩妃弄倒之後，站起來跑向走廊。恩妃向其他孩子們大喊：

「喂！犯人逃跑了！快抓住她！」

「犯人」二字一出，孩子們便把美琳擋在了走廊上。雖然美琳用盡心思想推開他們，但心有餘而力不足。恩妃站起來大喊：「終於逮捕到犯人了！」

美琳哭了起來，並用力推了恩妃一把，恩妃一個踉蹌撞到了黑板上。不知道是不是眼前的畫面很有趣，孩子們大笑了起來。此時，吃完飯的班導進到了教室。

美琳一看到我，哭聲變大了。我一安慰美琳，她便用哭腔說：「老師，李恩妃打我。她還抓我背包，害我跌倒在地板上。」

美琳給我看她紅通通的手肘。我摸摸美琳的手肘，並輕拍她的背。此時恩妃也向我走了過來，大聲地說：「老師，事情才不是這樣。洪美琳現在說的都是謊話。她偷偷把洋蔥丟到地上還想逃跑，而且她也有推我。」

我先確認了一下她們雙方有沒有受傷，但看起來沒有什麼外傷。我透過她們和其他孩子了解了情況，接著我訓斥她們：「不要說會讓朋友不開心的話」、「在學餐發生讓自己生氣的事情時，不要先和朋友吵架，要先讓老師知道」、「不可以講髒話」……，並讓兩個孩子和解了。

放學之後，我打了通電話給這兩個孩子的家長，告訴他們「這個年紀的孩子經常會和同齡人發生爭吵，我已經用教育的方式讓他們和好了」，並囑咐他們要在家裡進行後續的教育。

這種情況在教室裡是司空見慣，每天下課時間都會發生好幾次。

✽

孩子們經常吵架。朋友排在自己前面、我的午餐量比朋友少（或多），甚至連老師是不是更喜歡自己都可以吵。當孩子看到對方一出紕漏，就會毫不留情地進行攻擊，而被攻擊的孩子便會用更強勢的方式迎擊。

還沒有社會化的國小孩童身上，好似還留存著原始人的攻擊性。難道這是從為了生存不得不狩獵、採集或掠奪的祖先身上，無法避免地遺留下來的天性嗎？難道人不是生而善良，而是只能透過教育和自我反省來達成善良嗎？

孩子們之間所發生的爭吵，老師能知道的只有極少部分。孩子們本能上知道哪些事件可以告訴老師（打小報告），哪一些需要裝傻，因為他們有過向老師告狀，最後被其他朋友討厭的經驗。所以說，年級越高，孩子們之間的爭吵就越巧妙也越神秘。

老師在的時候，孩子們看起來很和平，是因為意識到老師在場，所以會克制爭吵。老師只要製造出嚴格的氛圍，孩子們就可以裝作若無其事。如果老師像以前一樣會使用棍子，那麼哪有孩子膽敢爭執。但是**這種方式不是教育，只是讓孩子暫時隱藏了自己的暴力**。

學校想方設法要減少孩子們之間的爭吵。校長要求老師在下課時間也要近距離和孩子相處在一起，只要老師離開崗位，孩子們之間發生爭執，老師就會受到責問，這導致老師連去上個廁所的時間都難以騰出。在這種情況下，學校要求老師的任務是對孩子進行控制與監視。但是老師們為了阻止孩子之間發生爭吵，要監視孩子到什麼時候？孩子們馬上就會畢業，將來也會出社會，在不被監視和控制的情況下，被壓抑的攻擊性也許就會展現出來。

原始人攻擊的目標應該是獵物，儘管在已經文明化的近代社會裡，獵物早已消失殆盡，然而人類的攻擊性依舊存在，那不就會演變成孩子之間互相攻擊嗎？在現代文明社會裡，孩子們的攻擊性應該如何被淨化呢？難道只靠著充滿五顏六色插畫的道德教科書，或是教導孩子像康德的定言令式[2]等諸如此類的哲學思想來解決嗎？這是一個難題。

擔任老師以來，我遇過許多學生。過去的學生小學畢業之後緣分就會劃下句點，但如今已經不一樣了，多虧社群軟體，我可以經常窺探學生們的人生。看著孩子長大成人、就業結婚、建立家庭，自然而然就會回想起這個孩子的小學時期。在這個過程中，我領悟到長者所謂「邊吵邊長大」是對的。我看到小時候因為大大小小紛爭經常被我訓斥的孩子，與我當年的擔心不同，不但好好完成職場賦予自己的任務，努力養育著自己的孩子；還積極參與同學會，在我面前暢所欲言，談論自己小時候闖禍被我罵的事情。

每當我遇到這種情況，總是會領悟到——**最好要讓孩子在小時候經歷各種型態的摩擦，讓他們發現隱藏在自身內在的攻擊性和憤怒**。發生問題的時候，

2 編註：康德主張道德存在於人的理性之中。無關於任何目的，出自純粹客觀的必然性理性行動律則，則為「定言令式」（Categorical Imperative）。

先讓他們和朋友吵架，讓他們了解吵架的狀態，讓他們體驗自己會在什麼情況下生氣和落淚。

透過反覆爭執，讓孩子們了解自己表達情感的方式，也許下一次他們就可以稍微掏出隱藏在自己內心裡的善良，看見自己對朋友所展露的攻擊性，會如何使朋友陷入挫折，並且能感受對方當下的心境。當他可以感受到，自己所發動的攻擊如何刺激對方的情緒，最後雙方都將因此而受傷的時候，就會產生惻隱之心。

想教導孩子何謂惻隱之心，就必須要幫他逐一分析吵架的原因和過程，以及吵架過後所感受到的不舒服以及罪惡感等等負面情緒。「心理解剖」（Psychological Autopsy）這個詞彙指的是站在自殺者的立場了解自殺的原因，借鑑於此，我幫以上過程取了一個名字——叫做**「衝突解剖」**。為了做到衝突解剖，與其在孩子們吵架的初期介入其中、平息一切，不如等到吵架白熱化的時候才插手。

這件事並不容易。在孩子們齊聚一堂的教室裡，衝突經常不只是一對一，還有一對多與多對多的情況。要做衝突解剖，就好比是要解開一團糾結在一起的線團一樣。

另外一個困難點則是與部分家長有關。很多家長都不希望自己的孩子處在衝突之中，他們希望自己的孩子不會與人衝突（吵架），可以和朋友在教室裡相安無事，所以希望我能夠先阻擋下其他孩子攻擊自家小孩的可能性。如果與這類型的家長溝通，就會得知他們為什麼這麼做。

「我們家孩子從小就比同齡人弱，我本來就很擔心他跟不上了，希望老師可以保護他。」

「最近的孩子從小就備受寵溺，都很好勝。但是我們家孩子很乖，比不過那種孩子。」

「我們家孩子在幼稚園被長時間折騰，但是幼稚園沒有積極出面保護他，讓他很受傷。」

「等孩子長大，衝突自然就會迎刃而解了，在這之前希望老師可以跟我們家孩子站在同一陣線。」

✽

美琳和恩妃吵架的那天晚上，我接到了美琳媽媽的來電。

她說剛開始接到我的聯繫時，覺得好像不是什麼大不了的事，但是問完美琳之後，覺得情況好像蠻嚴重的，所以想確認一下。美琳說恩妃從之前就經常捉弄她，讓她覺得很痛苦。當天恩妃也是拿著她掉了洋蔥的事情找她碴，威脅她要把事情告訴老師，還不讓她回家，甚至聯合其他孩子讓她跌倒受傷。在這種情況下，由於美琳沒有受到老師保護，她質問我：「您知道美琳該有多害怕嗎？」、「這種情況身為老師的您不是應該要知道嗎？」接著美琳媽媽說，她想要恩妃的父母向她們道歉，要求我告訴她恩妃父母的聯絡方式。

我向美琳媽媽道歉，表示我們無法直接提供聯絡方式，但是回學校後，我會再叫兩個孩子來了解詳細的情況，分別給予指導。

隔天早上，我把進到教室的恩妃和美琳叫了過來。她們一起搭著校車來學校，然而彼此之間的氣氛卻非同尋常。

恩妃對著我哭了起來，跟美琳你一言我一語地說著：

「老師，洪美琳用校園暴力舉報我，嗚嗚！」

「又不是我說要舉報的，是我媽說要這樣做的。」

「就是因為妳把事情都跟妳媽說了才會變這樣。」

「妳昨天就是對我進行言語暴力跟肢體暴力啊！」

「那是因為妳把洋蔥丟掉，嗚嗚！」

「我沒有把洋蔥丟掉。我是打算晚點再吃，所以先放在餐盤旁邊，結果不小心掉下去的！」

「那你為什麼要舉報我校園暴力?嗚嗚!」

「就說不是我想舉報的,是我媽說要這樣做的。」

由於恩妃一直哭,所以美琳也跟著哭了起來。在等待著這兩個孩子停下哭聲的中途,我插了一句話:「哎呦喂呀,出大事了。妳們倆一大早就在哭,該怎麼辦?第一節是體育課,我們要出去打躲避球,但是妳們怎麼在哭?」

率先放聲大哭的恩妃擦著眼淚說:

「就是因為洪美琳舉報我校園暴力!」

「是嗎?那老師來問問美琳吧。美琳,妳為什麼想要舉報恩妃?」

「不是這樣,我說了,是我媽媽要舉報的。我媽說她對我做了言語暴力和肢體暴力。」

原本在一旁看好戲的孩子們已經自主移動到操場了。我對恩妃跟美琳說:

「早知道老師就跟美琳說,妳如果不想吃洋蔥就不要吃。這樣美琳就不會為了想晚一點吃洋蔥，把洋蔥挑到一旁，洋蔥也不會掉到地上了。這麼一來，恩妃也不會因為覺得美琳不吃洋蔥很浪費而感到難過了吧？」

「對，但是洪美琳的媽媽已經舉報我了。（又再度哭了起來）如果被舉報，我不就連上學都不能了嗎？」

「但是美琳媽媽好像因為昨天發生的事情很難過。昨天大家都擋著美琳，不讓她離開，還拉了她的包包……。對吧，美琳？」

「對，昨天李恩妃、金有民、韓京勳跟尹昭旼擋我。」

「真的嗎？這麼多人對美琳一個人做這種事嗎？那樣當然是暴力啊，即便美琳媽媽舉報我也無話可說。」

當我跟美琳站在同一邊的時候，恩妃越哭越大聲。看到這副光景的美琳提出了建議：「老師，還是我來試試看，叫我媽媽不要舉報恩妃。我可以暫時把手機開機嗎？」

「妳可以開機沒關係……但是妳媽媽應該很傷心，她會聽妳的話嗎？」

「就算是這樣，我也打電話試試看好了。其實我昨天沒有很痛。（彎起自己的手肘）您看，沒有受傷對吧？」

過了一會，美琳跟媽媽講完電話，走過來說：「我媽說她不會舉報妳了，但是她說妳要跟我當好朋友。」

恩妃也許終於放下心中的大石了，她擦掉眼淚，破涕而笑。美琳牽著恩妃的手一起走去了操場。

✽

孩子們放學後，我打了一通電話給美琳媽媽，想解釋一切情況。美琳媽媽說，恩妃對美琳所做的行為等同於言語暴力和肢體暴力，但是她並沒有要舉報恩妃，可能是美琳誇飾了。由於兩個孩子已經言歸和好，她也可以放心了，拜託我日後要好好照顧她們倆。

「不過我們家美琳，去年也是只要朋友稍微說了點什麼，回到家就開始哭，這樣正常嗎？」

「因為美琳才三年級……我認為這還在正常的範圍內，但如果狀況持續下去，是挺令人擔心的。」

「我們是晚年得子才有了美琳，我很擔心是不是我或美琳爸爸太護著她的關係。」

「**過度保護，有可能會讓孩子成長為敏感且消極的孩子**。但幸好美琳現在跟恩妃走得很近，應該會好起來的。」

「恩妃是不是比較大手大腳的孩子？我擔心美琳會被欺負。」

「恩妃比美琳更直率也更有主見，所以美琳確實會被她壓制。但是恩妃也很講義氣，所以朋友很多。恩妃在自我成就方面的野心、自我認同、自尊感，都比美琳來得更加成熟，美琳如果跟恩妃相處，應該可以學習到很多。低年級的時候，老師對於孩童的影響雖大，但隨著年級升高，孩子們會越來越容易受到朋友影響。她們的相處對恩妃也有幫助，恩妃如果稍有差池，很可能就會成長為一個大手大腳的孩子，但如果可以跟像美琳一樣柔軟又細心的朋友來往，就能獲得修正行為的機會。」

教師和家長出面阻止孩子們發生摩擦，紛爭確實會減少。但是無條件阻止摩擦，孩子們就會變得乖順嗎？給予孩子機會，稍微提早表現出他們內心潛在的攻擊性，幫助孩子培養如何控制和調節攻擊性的能力，這對於自我認同還尚未完全成熟的孩子來說，不是更好嗎？

小牛與童年記憶

由於鄉下的學區比城市來得更廣，所以我們學校裡的孩子居住地遍布四方，以至於孩子們放學後沒辦法一起玩耍。剛上小學的孩子們，雖然有些因為上同一所幼稚園而彼此互相認識，但也有很多人是初次見面。

學期第一天，我想讓孩子之間彼此互相認識，以便更快拉近距離，所以要求他們上台自我介紹。

可能因為是第一天吧，雖然在幼稚園裡應該都做過自我介紹了，但大家還是顯得很尷尬。有些孩子站在角落，有些孩子把手放在口袋，還有另外一些孩子，把手藏在後面的口袋，畏畏縮縮地移動著。有的孩子一輪到自己，臉就漸漸漲紅，接著放聲大哭；也有的孩子直到最後都沒有做自我介紹。

班導的責任就是要逐一了解孩子們複雜又緊張的心情，幫助他們慢慢戰勝羞澀，能夠大方上台講話，並且要求他們就算上台發表的途中出錯也不互相取笑，讓孩子可以彼此稱讚，鼓勵對方下一次會更好。但是剛入學的孩子們對我還懷有戒心，所以我也沒有急著要他們做什麼，只是在一旁觀察。

當孩子一個一個上台，說出自己的名字，台下的小朋友便會提出自己好奇的問題——大多都是你喜歡什麼顏色或動物。我在市區擔任班導的時候，往往會聽到孩子們說自己喜歡熊貓、袋鼠、無尾熊等出現在書上的動物，但是這些鄉下的孩子卻會說自己喜歡小牛、小狗、雞。他們說的都不是出現在書上，而是實際上跟著我們一起生活的動物，不知道為什麼，這點讓我感到很安心。

孩子們做完自我介紹之後，我也上台做了自我介紹。隨後孩子們向我提出問題，我把自己也重新拉回到八歲那年，回答了他們的問題。

一名孩子問：「老師，你更喜歡媽媽，還是更喜歡爸爸？」

我假裝想了一下，回答他：「老師更喜歡媽媽，但是更想念爸爸。」

一位爸爸隻身前往大城市賺錢的孩子對我所說的話很感興趣，他問我：「老師的爸爸去哪了？去首爾賺錢了吧？」

我又稍微想了一下，接著回答他：「不是，我爸爸在我小學一年級的時候過世了。」

一位爸爸的工作是養牛和種田的孩子問我：「天啊，是不是因為被蛇咬所以過世了？我們社區的石秀奶奶也在除草的時候被蛇咬了。」

「不是，他是生病所以離開了。」

又有另外一位孩子問我：「是不是騎摩托車結果出車禍了？我爺爺就是這樣，喝完酒結果跌進田裡。」

他話一說完，一旁的孩子就立刻插嘴。

「車禍才不是生病，車禍是意外，生病是身體有地方不舒服。」

我又補了一句話：「我爸爸是得癌症走的。」

話一說完，孩子們說著「原來是癌症啊……。」同時用非常憐憫的眼神看著我。

此時一位孩子問我：「那個時候老師跟我們一樣也是小小孩嗎？」

另一旁的孩子插嘴說：「你怎麼可以對老師不禮貌，說老師是小孩。」

他說完話之後，教室頓時間一片寂靜。

有一位不久前奶奶剛過世的孩子走到我的身旁，小聲告訴我：「哎呀！沒關係的，老師你還有媽媽啊。」

孩子們用各自不同的處境跟我搭話，比我想像中地更令人感到安慰。

✽

前幾天尹秀家的小牛出生了，他一到學校就告訴大家小牛出生的消息，孩子們一下子聚在了一起。尹秀的爸爸不只養牛，還是一位授精師（負責牛隻人工授精的專家），所以尹秀看過很多次小牛出生的樣子。他逐一回答著孩子們的提問，表情滿是驕傲。當尹秀在回答大家的問題時，我還搜尋了小牛的照片給孩子們看。尹秀忙著回答孩子們蜂擁而至的疑問。

孩子1：生了幾隻小牛？

尹秀：一隻。牛每次只會生一隻小牛，偶爾會生出雙胞胎。

孩子1：跟人一模一樣耶！

尹秀：嗯，但是小牛在媽媽肚子裡的時間比人類短。

孩子2：為什麼？

尹秀：如果小牛跟人一樣，待在媽媽的肚子裡面太久，媽媽就很可能會被天敵抓走，所以動物的妊辰時間都比較短。

孩子2：這是誰說的？

尹秀：我爸爸說的。

孩子1：（突然看著我）老師，您也知道這件事嗎？

我：這個嗎……我們家裡面沒有小牛……。

孩子1：哎呦，我就知道。就算老師家裡沒有小牛也應該要知道啊，你不是老師嗎？

孩子2：喂，你為什麼對老師說話那麼沒禮貌。尹秀是從爸爸身上聽來的，所以才知道這件事啊，老師的爸爸在他一年級的時候就過世了，沒有人跟他講這件事，所以他才不知道。對吧，老師？

我：是嗎……但尹秀爸爸這麼聰明的秘訣是什麼呀？

孩子2：應該是讀了很多書吧。因為尹秀爸爸是里長啊，要在村民活動中心廣播的話，應該要很聰明吧？

尹秀：我爸爸不讀書，他每天都只看《我是自然之子》，然後一邊喝酒。

我：啊～那麼老師也應該來看一下《我是自然之子》，好讓自己變聰明。

孩子1：可是不可以喝酒。我媽媽說喝酒以後會老人癡呆。唉，我爸爸不應該再繼續喝酒了。（咋舌）我媽媽說如果爸爸老人癡呆，就要拋棄他，真搞不懂他為什麼要喝酒。

孩子2：你媽媽騙你的啦！你媽媽只是為了嚇唬爸爸才這麼說的。我媽媽也說，如果我爸再喝酒就要把他趕出去，但也都沒真的把他趕出去啊。上次去買菜的時候，我還看到我爸爸和媽媽牽手。

孩子3：我爸爸只要一喝酒就刷卡，因為刷得太兇了，還被我媽媽罵。老師最好不要刷卡。

我：謝謝你們告訴我這些資訊，老師差點就刷卡了。

孩子1：可是我媽媽也花很多錢。

我：是嗎？

孩子1：我們家每天都有包裹送來，都是我媽媽買的電視購物。

孩子2：我媽媽的包裹也好多，但又老是跟我說家裡沒有錢。

孩子1：我們家是真的沒有錢，都被我哥哥（大學生）拿走了。

孩子們的對話中蘊含著日常生活。由於他們自我意識還沒完全發育，所以不會刻意隱瞞，或是誇大其詞。他們只會對自己所見、所經歷和感受到的事情侃侃而談，所以只要傾聽這個時期孩子們的對話，就可以了解這些孩子是如何理解並接受自己身處的環境。仔細觀察孩子們在家庭裡感受到的親密感及紐帶關係，就可以看出孩子成長的階段。

孩子1：小牛出生之後會吃飯嗎？
尹秀：不會，只喝奶。母牛會把免疫物質混在母奶裡餵給小牛。
孩子1：免疫物質？
尹秀：嗯，吃了的話就不會生病了。
孩子2：那如果母牛沒有餵小牛吃奶的話怎麼辦？
尹秀：母牛怎麼會不餵奶？他是媽媽耶！
孩子3：對啊，我小時候也喝母奶。
尹秀：你媽媽沒有餵你喝母奶嗎？

孩子2：因為我媽媽必須去農協（職場），所以我都和姨媽奶奶（褓母）待在一起。姨媽奶奶還會帶我去托兒所。

孩子4：我也有去托兒所耶！

我：托兒所？那裡是做什麼的？裡面只住著小孩嗎？

孩子2：裡面有住小孩，也有住大人，還有嬰兒。大樓一樓不是都有寫「托兒所」嗎？

我：是嗎？老師也想去看看，如果去托兒所就不用來學校了不是嗎？

孩子2：老師不行啦，你不是幼童啊！

我：是嗎？但那裡是做什麼的？

孩子2：做一些事情啊。

孩子4：玩遊戲、吃飯，等媽媽。

我：等媽媽？

孩子4：要等媽媽來才可以回家，我媽媽有時候很晚才來接我。

孩子2：對啊，我也有天很黑才回到家過。

孩子3：我也想去托兒所，但是我媽媽不讓我去，結果就沒去。但是我妹妹有去。

我：你想去托兒所？

孩子3：對啊，去那邊會送背包耶，我妹就拿到背包了，粉紅色的背包。

我：哦？會給背包嗎？我也想要拿到背包。

孩子1：哎喲，就說老師不行了。而且去托兒所還要付錢，應該很貴。大概……要一百萬八千元[3]左右？（孩子能夠想到的最大金額）

我：啊，我不能去嗎？謝謝你告訴我。

孩子4：但是不要去托兒所比較好，如果去那邊，可能會很想媽媽。

我：媽媽？

孩子2：有的時候我想和媽媽一起待在家裡，可是媽媽要去農協，所以我就只能去托兒所。如果媽媽缺席沒去農協，就會被股長說話。

我：啊，有的時候會這樣嗎？

孩子4：經常這樣啊。我還有中途被奶奶接走過，因為我耳朵太痛要去醫院，那天感覺特別冷。

孩子3：尹秀，你們家的小牛一定也很冷。牠不應該現在出生，應該等到夏天再出生，這樣就不會冷了。

尹秀：小牛不會冷，我爸爸都會幫牠們開暖氣。

我：暖氣？

尹秀：對，只要插上電源就會亮紅燈，如果太靠近會很燙。我爸爸會幫小牛開暖氣。

孩子2：小牛好幸福，又可以喝母奶，又很溫暖。

孩子3：哪有好？再過段時間牠就會被賣掉，之後就會變成牛肉。

3 編註：此指韓圓，約台幣兩萬四千元。

孩子2：啊，牛肉……小牛好可憐。尹秀，你叫你爸爸不要賣掉小牛啦。

尹秀：好，我知道了

孩子4：不賣怎麼行？尹秀爸爸也要賺錢啊！

孩子2：可是小牛很可憐啊！

也許孩子們覺得小牛和自己很像吧，透過一頭剛出生的小牛，有些孩子回想起了沒喝到母奶的記憶；有些孩子想起了沒辦法去托兒所的記憶；還有些孩子回想起了無法跟媽媽待在一起的記憶，他們彼此分享了各自記憶中留下的傷痕，這是非常有效的安慰方式。

孩子們彼此同情、互相安慰，告訴對方沒關係。不分你我或是小牛，每個人都在家裡或托兒所裡努力成長，戰勝了那些等待與羨慕都無法被彌補的缺憾時光。

負責的姊姊，依賴的妹妹

那天是梅雨季節結束，天氣正式開始轉熱的一天，善英那天依然在同學們都已經回家的教室裡等著姊姊。四年級下課後，善英終於見到了姊姊，兩人正打算走出教室時，雨淅瀝淅瀝地下了起來。姊妹倆都沒有帶雨傘，但她們必須要走好一段路才能到家。

我問兩個孩子：「哎呦，下雨了耶？這樣我們怎麼回家？要打電話叫媽媽來嗎？」

「沒差吧，可以走回家。」姊姊回答。

「是嗎？可是媽媽開車應該馬上就過來了吧？」

「媽媽在忙著餵牛吃飯啊。」

妹妹聞言立刻插嘴說道：「牛是早晚才吃飯吧？」

姊姊摀住妹妹的嘴巴，不好意思地笑了。

「還是老師借妳們一把傘？明天再還我就好了。」

聽我這麼說，姊姊勉強收下了傘。

「其實沒關係的……謝謝老師。」

「可是一把傘兩個人用不太方便，還是要打電話問看看媽媽有沒有時間？」

「不用吧，媽媽現在可能在睡午覺。」

「不會啊，媽媽有可能沒睡。老師，可以幫我們打電話給媽媽嗎？」

姊姊立刻阻擋妹妹：「沒關係，媽媽早起餵牛一定很累，可能在睡覺。謝謝老師的雨傘，我們明天再還您。」

我遞出雨傘，妹妹一把就先搶了過去，把雨傘打開。但姊姊立刻又把雨傘搶走，收了起來，叫妹妹先換鞋子。妹妹換好鞋子之後，姊姊才小心翼翼地撐開了傘，挽著妹妹的手臂走向操場。

兩姊妹的父母是養牛人家，她們每天早上都要走二十幾分鐘的田間小徑來上學，對於現代的孩子來說，這是非常遙遠的距離。

姊姊在妹妹換室內鞋的時候會幫她提書包，等她換好；而妹妹一換好室內鞋後，就會從姊姊身上搶走書包，蹦蹦跳跳地跑向走廊。每當這種時候，姊姊都會大喊「不要跑，會跌倒！」為妹妹感到擔心。她也都會等到確認妹妹進入一年級的教室後，才會上樓進自己的教室。

妹妹動不動就會跑到姊姊的教室，沒有蠟筆去、被朋友戲弄也去告狀。每當妹妹玩到一半突然消失，大家正想著她在哪裡的時候，都會發現她蹲坐在姊姊教室的走廊上。這種時候，姊姊就會在走廊角落安慰妹妹，接著把她帶回教室並向我鞠躬。

一年級的妹妹如果先放學，會在教室邊玩邊等姊姊下課。還不懂得如何看時間的孩子，卻很準確地知道兩點二十分的指針位置，因為那是姊姊下課的時間。就算本來已經跟朋友玩了好一會，但只要姊姊下課時間一到，妹妹便會立刻收拾好，等待起姊姊。她還會待在後門，等姊姊敲門，然後開門時「哇！」

一聲，跟姊姊開玩笑——這時姊姊會有些尷尬地看著我。

「妳真是個好姊姊，老師真羨慕善英有妳這樣的姊姊。」

每當我稱讚她，善英姊姊就會燦笑。姊姊會看一下妹妹坐過的位置，把彩色筆或剪刀之類的東西整理好。

「善英，書桌上只可以放書和筆記本，彩色筆跟剪刀要放在置物櫃裡。」

然後她會拿出手機，打開我傳過去的簡訊，再打開妹妹的書包，查看裡面的聯絡簿。（一年級的聯絡簿現在都是用簡訊傳送，但是在善英姊姊的拜託下，我另外給了善英聯絡簿）等確認妹妹已經都寫好聯絡簿了，善英姊姊便會向我鞠躬致意，然後帶妹妹返家。每次她們走出教室，我都會聽到善英嘰嘰喳喳向姊姊說著當天教室裡發生的事。

這種姊妹關係是所有父母的理想。姊姊像媽媽一樣溫柔地照顧著妹妹，妹妹則欣然跟在姊姊身後，她們不吵架也不鬧事。如果有這樣的孩子，自己似乎就可以不用費力照顧了吧？但這只不過是父母一廂情願的觀點罷了。

讓孩子們繼續以這種模式成長，真的是好事嗎？姊姊會越來越像媽媽，妹妹會越來越像孩子吧？只因為她生來是姊姊，就要連帶負起媽媽的責任，這樣對於孩子的自我認同真的好嗎？多虧有這麼好的姊姊，妹妹可以不用長大，一直當個孩子，這樣對妹妹的將來真的好嗎？

兄弟姊妹的關係裡，如果發生一方要照顧另一方的情況，必定都有隱情。照顧方通常相對聰明和勤奮，而被照顧方則大多不是如此。

姊姊聰明、沉著又恭謙有理，然而妹妹卻是急躁又散漫。她無法整理好自己身邊的情況，經常丟三落四，所以姊妹倆的母親，從小就自然而然地把妹妹交給姊姊照顧。從妹妹上幼稚園開始，兩姊妹就會手牽手一起去上課，父母認為這樣很好，可以減輕他們帶孩子去上下課的負擔。

父母不斷向姊姊傳達感謝之意，姊姊為了讓父母更開心，用盡全力照顧妹妹。但是姊姊的犧牲奉獻，其實只是父母仰賴姊姊所造成的結果。就算姊姊是一位像母親一樣的姊姊，她的角色依然不同於母親。由於姊姊年紀也還小，不懂得如何在自己的生活與照顧妹妹之間適當地分配精力，有的時候她會力不從心，從而發生忽略自我的情況。

那個下雨天，兩姊妹走在操場上，雨傘漸漸傾向妹妹那一側，雨滴則落在了姊姊的肩膀上。走了幾步路之後，妹妹又再度把雨傘朝自己的方向拉扯，姊姊雖然拉回來了一、兩次，但後來好像也就放棄了，乾脆把雨傘給妹妹撐，任憑自己淋著雨。如果以這種狀態繼續走下去，姊姊也許會感冒。

我打了一通電話給兩姊妹的媽媽，她說因為在下雨，她已經在前來學校的路上了。

✽

隔天早上我一抵達學校，善英姊姊就遞給了我一把摺得非常整齊的雨傘。雨傘上面貼著一張紙條，寫著「老師，謝謝您的雨傘，非常感謝~^^」。我正好有空，所以帶著姊姊一起坐在操場旁的長椅上。

「昨天為了幫妹妹撐傘很辛苦吧？」

「沒有，沒關係。」

「因為妳把雨傘讓給妹妹，自己淋著雨，所以老師昨天打電話給媽媽了。沒有問過妳的意見就擅自打電話，真的很抱歉。」

「沒關係。」

「但是我昨天看著妳們，妹妹抓著雨傘，好像想一個人獨占？這樣對嗎？姊姊會淋到雨呢！」

「沒關係，妹妹還小，再大一點就好了。」

「嗯……那妳覺得妹妹要到幾年級才會長大？」

「明年？不，三年級或四年級的時候吧。」

「那個時候妹妹也會跟妳一樣穩重嗎？」

「嗯……我媽媽說……是妹妹還小不懂事才會這樣。」

「應該是吧。但是妳從幾年級開始，就像現在這樣在照顧妹妹了？」

「嗯……從很久以前開始。」

「一年級的時候也是嗎？」

「好像是吧。」

「但是妹妹現在也已經一年級了，她跟妳一年級的時候應該不一樣吧？」

「對……好像是有那麼一點不同。」

「照顧妹妹的時候，什麼讓妳覺得最累？」

「妹妹很糊塗，總是丟三落四，聯絡簿也不放在資料夾裡，都隨便亂塞，有的時候還會撕破。」

「還是下次老師要求她要把聯絡簿放在資料夾裡收好？」

「好。還有她寫字的時候，都會越寫越往上飄。」

「這一點老師下次也要訂正她才行了。」

「謝謝老師。」

「如果之後妳照顧妹妹的時候遇到困難，還會跟老師說嗎？老師希望妳不要因為照顧妹妹把自己累壞了。」

「好。（猶豫了一會）還有功課也是，妹妹都不太想寫功課。」

也許是姊姊真的很聰明吧？表面上看來，她能夠為妹妹做所有事，但是心裡面卻很明確知道哪些部分讓自己感到疲憊，這一點有別於其他身為老大的孩子們。

當我與有類似情況的老大面談時，大部分的孩子都不知道什麼部分讓自己感到疲憊，因為他們連思考的時間都沒有，就把自己奉獻給了弟妹。還有一些孩子會說，自己也不知道自己為弟妹做的一切，是出於自身的意願，還是明明不喜歡卻在勉強自己。也有一些孩子雖然不情願，但是覺得好像不做不行，所以就一直這樣下去。老大會出現這些想法，都是因為背後有著過度偏袒弟妹，或是把照顧兒女的責任直接託付給孩子的父母。

從那天開始，我都會確認姊姊提到的那些事情，看妹妹有沒有確實做到。妹妹雖然散漫，但是經過我幾次的注意，沒過多久她就改正了，而且也沒有發牢騷。

即使是已經長大到足以修正自身行為的孩子，在有人願意照顧自己的情況下，也會傾向於不去發揮自身的能力，就算是再簡單不過的事，比起一個人努力，仰賴別人總是更加容易。也許善英也是在自己可以做到的事情上，期待著姊姊照顧她，所以才故意裝作自己不會。持續在這種情況下成長，姊姊會越來越強迫自己要照顧妹妹，而妹妹則會漸漸跟不上同齡人。

父母對老大所說的話裡面，有些話會讓老大覺得很討厭。

「我媽媽經常跟我說（學媽媽的語氣罵人）『妳不是姊姊嗎？那就應該讓妹妹啊！』所以就算她不說我也會讓給妹妹，不然媽媽就會唸我。」

「爸媽會跟我說『你已經是哥哥了，可以跟弟弟打架嗎？』但是弟弟撞我，難道我要忍嗎？」

「我們去超市的時候，爸爸會跟我說：『你要好好照顧弟弟，弟弟不見就完蛋了！』但我不知道弟弟不見到底有什麼大不了的，我本來就因為他已經快累死了。」

「我媽媽動不動就跟我說『她只信任我』。唉，壓力好大。我知道她為什麼說那句話，因為她想要我叫弟弟不要再玩遊戲了。」

穩重、善良、個性好、心胸寬廣、懂得禮讓，都是會讓孩子們感到莫名壓力的稱讚。孩子們只要聽到稱讚，就會費盡心思往這方面加強，目的是要得到更多稱讚。

問題在於養成這種習慣會對孩子的自我認同造成影響。當孩子們習慣了「只要是大人說的就算討厭也得做」的想法，就會產生「不管自己怎麼努力，最終仍然無法超越大人」的挫敗感。因此，即使他們是出於善意想照顧弟妹，也必須讓他們認為，自己有別於弟弟妹妹，應該以不同的個體身分受到尊重，如此才能夠產生健康的獨立意識，否則這些孩子只會滿足於成為一位善良的老大，就因為父母喜歡善良的孩子。

為了自我成長而進行蛻變是一件很困難的事，但是聽從父母的話卻很簡單。孩子們會選擇熟悉的情緒與行為，而不是艱辛的成長，再加上孩子很難擺脫「乖孩子」的稱讚，好孩子症候群[4]便會由此拉開序幕。

✽

善英交出了實地觀摩教學的申請書，但是上面沒有父母的簽名。我叫善英回去拿給父母簽名，但隔天她依然帶來了一張簽名欄空蕩蕩的申請書。

「哎呀，如果想參加實地觀摩教學，爸媽就必須要簽名才行……。」

我一表現出為難，善英就突然衝出教室。

「稍等一下，我去找姊姊。」

過了一會，善英牽著姊姊的手走了進來。

「姊姊說要幫我簽名，我可以去實地觀摩了吧？」

「哎呀，怎麼辦？姊姊不是父母，姊姊也還是個孩子啊。」

下一秒，姊姊謙遜有禮地跟我說：「很抱歉，但能不能讓我幫她簽名？我會再跟媽媽說一聲的。我怕妹妹明天還是會忘記。」

我單獨把姊姊叫了過來。

「如果妹妹明天還是忘記，老師會打電話問媽媽的，所以妳不需要擔心。這個作業妹妹必須自己做，雖然姊姊幫她是很好……但如果繼續這樣下去，妳覺得以後的作業妹妹會自己做，還是會推給妳做？」

「好像會推給我吧……。」

「那這一次妳就裝作什麼都不知道，讓妹妹自己完成吧！這跟把雨傘讓給妹妹不是差不多嗎？」

善英姊姊在妹妹沒做功課的時候，會代替妹妹來向我解釋，如果妹妹最終得留在教室裡做功課，她還會為此感到尷尬，她的表現和其他會嘲笑或指責對

---

4 譯註：Good Boy Syndrome，或稱乖寶寶情結，指為了從他人身上聽到自己很乖的回饋，壓抑內在慾望與期望的一種現象。

方的兄弟姊妹不同。

「妹妹沒寫作業讓妳心情不好嗎？」

「對。我昨天有叫她寫功課……結果她就去睡了……早上又叫她寫，但她太晚去洗臉，又太晚吃早餐，結果就沒有寫功課。」

「所以妳想幫她寫嗎？書上有姊姊的筆跡呢！」

「我先寫，想叫她跟著我寫……。」

「如果妹妹的功課都讓姊姊幫忙，妹妹的學業會進步還是不會呢？」

「……不會進步吧。」

「妹妹不聽話的時候，妳的心情怎麼樣？」

「很難過。妹妹應該要好好聽話，這樣媽媽才不會太累……。」

善英姊姊甚至還會擔心媽媽，我感覺她的表現已經遠超出四年級孩子應有的程度了。媽媽可能經常和姊姊提到她對妹妹的擔憂，因為孩子愛媽媽，所以會想分擔媽媽的擔憂，因而代替母親照顧妹妹。在這個過程中，就算她想要和其他朋友一起玩耍也得忍耐。

我邀請兩姊妹的母親進行面談。

「大女兒很乖，不管我說什麼她都不會抱怨，我當然是很感恩。」

「您經常拜託姊姊要照顧妹妹嗎？」

「對，她很成熟，所以把妹妹照顧得很好，從小就是這樣。」

「幸好妹妹也很聽姊姊的話。」

「她很聽話啊。不過自從開始上學之後，她偶爾會頂撞姊姊，我很擔心。」

「她怎麼頂撞？」

「姊姊如果叫她寫作業，她會說『等一下再寫』；如果叫她刷牙，她會說『你又不是媽媽，憑什麼叫我刷牙』。」

「寫作業和刷牙一般都是媽媽在嘮叨的，然而在您們家中卻是姊姊在嘮叨妹妹嗎？」

「我們家善英就是有點愛拖又散漫，我也會唸她……但是姊姊更照顧她。」

「那姊姊都怎麼做呢？」

「她會像我哄她一樣哄妹妹。」

「那也等於她代替了媽媽的角色吧。姊姊到學校之後，也只是一個四年級的學生……但我卻經常感覺她只要跟妹妹待在一起，就認為自己應該要扮演一個母親。」

「妹妹懂得頂撞，表示她已經開始意識到自己的領域了，這是一件值得祝賀的事。如果姊姊哭了，就表示姊姊的負荷已經超出姊姊身分的界線了。要不要藉由這次機會，讓姊姊擺脫母親的角色，回歸到一個四年級孩子的身分呢？她為了照顧妹妹，應該都沒機會跟朋友一起玩耍。」

「但是姊姊一直以來都很照顧善英，如果突然不顧了，我不知道善英能不能做好事情。善英跟姊姊很不一樣。」

「當妹妹開始反抗姊姊，表示她想守護自己的領域，不讓姊姊侵入，也就代表她想要獨立，這是一件值得開心的事。雖然她可能會比姊姊差一點，但是善英也會創造出屬於自己的天地。沒有了可以信任和依賴的姊姊，她反而會專注在自己身上。」

面談結束之後，我們決定了幾項原則——

- 上學不是只由姊姊一人負責，媽媽一個禮拜也要開車載她們來上課兩、三次。
- 不再叫姊姊要照顧妹妹。
- 媽媽偶爾會單獨帶姊姊或妹妹去市中心，讓她們擁有獨處的時間。
- 直接詢問妹妹有關學校的事，不再透過姊姊了解，以降低妹妹對姊姊的依賴。
- 當妹妹發生問題的時候，不要再讓姊姊出面解決，讓妹妹自行負責。
- 在家裡要讓姊姊和妹妹有單獨的空間，按照各自的喜好進行裝飾。

這對姊妹只要媽媽稍微花點心思，馬上就能轉變成健康的關係。但是如果是兄弟姊妹間彼此感情不好的情況，那就有些不同了。

✽

某對兄弟的家就在學校正門旁邊，只要穿過操場就可以到家。但這兩位兄弟拖拖拉拉、不發一語地走著，絲毫感覺不到親密。媽媽有時候會到正門口等他們，那時哥哥會緊緊靠著弟弟，並排走在一起，雖然看似親密，但依然不發一語。如果走著走著路上有石頭，他會一腳把石頭踢出去。

放學的時候，孩子的哥哥不會來一年級教室接弟弟，而是在操場另一頭的窗前等他。弟弟會隨時觀察窗外，看到哥哥出現便立刻背起書包跑出去，因為如果讓哥哥等他，哥哥會生氣。有時候哥哥甚至不會走到窗前，而是在玄關前面唱歌，他的聲音非常宏亮，弟弟即使正玩耍到一半，一發現他也會立刻起身離開。因為驚嚇過度，有時候弟弟連書包都忘記背，這種時候就會聽到哥哥咒罵他是「神經病」，弟弟不是被罵到大哭，就是咬牙忍耐。

有一次弟弟想去盪鞦韆，正朝著盪鞦韆走去，然而哥哥卻一把捉住他的手臂，把弟弟弄跌倒了。生氣的弟弟一邊哭，一邊大聲咒罵哥哥是「臭小子」，接著哥哥用腳踹了跌倒的弟弟，弟弟開始使勁全力大哭。

此時，媽媽聽到弟弟的哭聲，出現在了正門口。一看到媽媽，弟弟又哭得更大聲了。媽媽怪罪完哥哥，扶起了弟弟，幫他拍掉泥土、替他提書包。此時弟弟停下哭聲，牽著媽媽的手往鞦韆走去。

弟弟在盪鞦韆的時候，哥哥轉過身坐在一旁。媽媽把手放在大兒子的肩膀上，好像是在安慰他，但是哥哥氣似乎還沒消，沒有任何反應。看到媽媽和哥哥在講話，弟弟從鞦韆上跳了下來，擠進媽媽與哥哥中間坐了下來。哥哥甩開媽媽的手，朝著家的方向走去。

兄弟姊妹關係不好，會讓媽媽們每天都很辛苦。若兄弟姊妹為了獲得父母的愛與關懷，而處於競爭關係，他們打從一開始感情就不可能好。這對兄弟之間也存在著這樣的隱情。

頭腦聰明的弟弟配上木訥的哥哥——弟弟是一個只教他看一次時鐘，他就可以立刻學會的孩子，才二年級，弟弟的九九乘法已經背了一半。明明是在一旁看著哥哥讀書，他卻比哥哥還更懂。

哥哥比不上弟弟。好不容易才學會怎麼看時鐘，九九乘法表也不確定有沒有背好，連要跟上三年級課程都有點困難，甚至還需要個別輔導。

弟弟看不起哥哥，連跟朋友聊天的時候都會說一些嘲諷哥哥的話。

「我哥昨天又把魔車戰魂弄丟了，被我媽罵了一頓。更扯的是你知道嗎？他竟然直接把魔車戰魂送真允哥了！」

「真的假的？把魔車戰魂這麼貴的東西直接送給真允哥嗎？」

「所以我媽叫他立刻去找真允哥要回來。」

「他去要回來了嗎？」

「真允哥沒還他，但是請他吃了便利商店的泡麵。」

「可是魔車戰魂比泡麵貴啊。」

「就是說啊！所以我媽媽說不會再買魔車戰魂給我哥了，現在我的魔車戰魂比我哥多了。」

一年級左右的孩子，會出於本能隱藏或包庇自己家中羞於見人的一面，但是這個孩子對於自己的哥哥卻絲毫沒有惻隱之心，他明知道哥哥能力不足的方面並不光彩，但卻不認為哥哥是自己需要袒護的對象。他利用貶低哥哥來突顯自己的優勢，這意味著他的好勝心過剩，不認同哥哥是家庭共同體裡的其中一員。

哥哥知道弟弟看不起自己，也知道書讀不贏弟弟。如果在腦袋方面贏不過弟弟，那麼唯一剩下的就是暴力，所以他對弟弟特別粗暴。

如果他在跟朋友玩耍的途中，弟弟出現，他的態度會非常強硬，不讓弟弟一起玩，就算弟弟硬是加入其中，他也不會想跟弟弟同一隊。他把弟弟當成是自卑感的開關，這樣的孩子都寧可自己沒有弟弟，他們說，因為弟弟會突顯自己的無能，所以很令人討厭。

✽

「你今天來上學的路上，在操場踩了弟弟的背包嗎？」

「我沒有踩啊？」

此時弟弟向哥哥大喊：「你明明就踩了！」

我觀察孩子的表情，接著說：「老師也從窗戶看到了。」

「啊，那個啊……我不是踩。本來是想踩一點點，結果腳稍微碰到了背包一下。」

「原來如此，但你為什麼要這樣做？」

「因為我弟一直拿數學課本叫我看。」

「數學課本？（看著弟弟）你想要給哥哥看數學課本嗎？」

「對，我想要教哥哥看時間。」

「在操場上嗎？」

「對，因為我哥太不會看時間了。」

哥哥好像有點難為情，表情些微扭曲。

「你是想幫哥哥嗎？」

「對，因為昨天哥哥的朋友一直笑他不會讀書，所以媽媽叫我教他。」

但是弟弟為什麼要在所有人都看得見的操場上，把數學課本遞給哥哥呢？為什麼遭到羞辱，哥哥不是適當地生氣，而是想要「稍微踩一下」弟弟的書包呢？我們可以把哥哥的行為看成是一種對弟弟的愛嗎？

小學生還沒辦法處理如此複雜的憤怒，這需要家長適當應對。

家長在激勵孩子的時候，有時候會拿孩子跟其他兄弟姊妹做比較。出發點也許是為了激勵弟弟，但卻會打擊到哥哥的自尊心，養成弟弟的傲慢。這種時候，家長常常對被比較的孩子內心的痛苦漠不關心，因為家長的出發點是想激勵弟弟，所以只期待著事情會出現好的結果。但不管在任何情況下，拿兩個孩子來做比較都只會導致負面的結果。

弟弟之所以知道自己比哥哥聰明，就是因為第一次的比較。一旦發生這樣的事件，孩子便會為了繼續聽到別人稱讚自己聰明，而企圖不斷確認手足的相對無能。所以他會集中精力，想要確定哥哥比不過自己，這對於哥哥而言當然是令人生氣的事情。

如果不是弟弟，也許自己的不足之處並不會成為問題，所以哥哥變得討厭弟弟，因為他認為弟弟裝聰明的目的就是為了羞辱自己。最後這會導致哥哥為了治癒受傷的自己，進而貶低弟弟的能力並欺負弟弟，使雙方關係惡化。

如果想改善這個情況，弟弟就要變得不那麼聰明，或是哥哥必須突然變聰明，讓雙方處於伯仲之間，但現實中這種事不太可能發生。因為聰明或愚鈍，大部分是由本性和性向所決定，所以弟弟長大很可能會越來越聰明，而哥哥則很有可能年級越高成績越差。

隨著年齡越來越大，孩子的差異越來越大，雙方的摩擦也會越來越嚴重。所以說，家長不應該拿兩兄弟來做比較，加劇他們的摩擦，而是應該引導兩人處於更堅定與平等的關係之中。家長應該如實稱讚聰明的弟弟，並鼓勵沒有讀書資質的哥哥尋找讀書以外的其他所長，培養哥哥的自尊感。

有些大人會放任孩子們打架，讓他們自行解決，他們認為應該讓孩子自然而然產生階級，還覺得這不就是自然的法則嗎？乍看之下，這個理論好像是對的，然而在野外環境中，階級排列之下被淘汰的個體最後多是以死亡告終，但孩子並非野生動物，家庭也不是弱肉強食的叢林。

如果兄弟姊妹中有人比較聰明，或是比較有能力，就必定會產生相對弱勢的一方，弱勢方很可能會產生扭曲的自我認同（被害者意識、憂鬱感、自我否定），如此一來雙方關係的均衡就會破局，有一方會成為暴君，另一方則受到剝削。

手足關係之間，不能讓其中一方處於犧牲狀態或占據優勢。哥哥需要享受老大的優勢，培養他的責任感；弟弟則需要享受老么的優勢，擁有不受到干涉的自由——然而這個過程需要長時間的爭吵。

爭吵是展現自己並理解對方的過程。家長應該幫忙協調孩子們之間的爭吵，不讓任何一方處於有利或不利的狀態。

爭吵時，只有站在各自被賦予的位置上，盡全力捍衛自己的利益，最終手足關係才能達到均衡的狀態，這份均衡會持續維持到未來他們需要進行的爭吵之中。

爭吵會培養孩子的智力和邏輯思考能力。擁有兄弟姊妹的孩子往往更會表達，也更經常主導孩子們之間的爭論，這些都是爭吵所帶來的結果。也就是說，兄弟姊妹之間會互相扶持成長。

社會化遊戲，孩子們的小小共和國

韓國國小一年級的教育課程，有一半在上課，另一半在玩耍。寫一個小時的字之後就出去玩耍，練習三十分鐘的加法之後再出去玩耍，所以就算是上課時間，孩子們也會去操場好多次。因為只要努力上課就可以出去玩，孩子們會盡可能專注在學習之上。但並不是每一次，孩子們都可以盡興玩耍，因為我所制定的規則非常嚴格。孩子們出去玩耍之前，都要一起朗讀這些規則。

跟朋友一起玩耍的時間

① 所有人都要一起玩。

② 和睦相處一起玩。

③互相禮讓一起玩。

當孩子去操場的時候，我會分別問他們想玩什麼。

「鞦韆，我要跟珍秀一起盪鞦韆。」

「我也要盪鞦韆，我要先盪。」

「是我們先說的，你去玩別的吧！」

「喂，鞦韆是你家的嗎？又不是你的東西。（哽咽著向我跑來）老師，他們……嗚嗚……只想……嗚嗚……自己盪鞦韆。（說完之後嚎啕大哭）」

「（幫他擦眼淚）他們不想要跟你一起盪嗎？哎呀，這樣子老師絕對不能坐視不管。」

我牽著這位正在哭泣的孩子，告訴其他孩子們，玩耍的時間要結束了。

「蛤？為什麼？」

「因為鞦韆的關係，有人很難過。」

「是我們先說要盪的，而且本來先占到的人就是主人啊，哥哥們也都是這樣玩的。」

「因為鞦韆的關係，都有人哭了，哭的話就會很難過。」

「他就只會哭而已，老師怎麼可以每次都跟哭的人站在同一邊？」

本來在溜滑梯的孩子們聚集了過來。我告訴大家，有人因為鞦韆而吵架，所以我們要先回到教室，決定好盪鞦韆的規則。此時有個孩子跳出來責備原本在盪鞦韆的孩子們。

「喂，你們幹嘛因為盪鞦韆吵架，你們還是幼稚園小朋友嗎？嗯？哎呦，真小氣。因為你們，我們也都不能玩了啦。」

「欸，是我們先占到鞦韆的，而且是因為他哭了，所以老師才不讓我們玩的好嗎？」

「蛤？是嗎！老師，這是真的嗎？不是吧。先占到鞦韆的人本來就可以先盪了啊。」

「但是有人哭了呀！」

「那他不應該哭，而是要忍住吧，又不是幼稚園小朋友。下次他就先去占鞦韆就好了啊！」

「但現在是跟朋友一起玩的時間，卻有人因此感到難過……所以遊戲時間結束了！」

「怎麼可以老師說了就算？他就是耍賴才哭的啊！」

雖然孩子們音量越來越大，但是我堅決地說：「遊戲時間長短是由老師決定的。」

孩子們滿臉失望地跟著我進了教室。我拿出去操場前朗讀過的規則給他們看，要求大家再一起朗讀一遍。

「跟朋友一起玩耍的時間！①所有人都要一起玩！②和睦相處一起玩！③互相禮讓一起玩！」

下一堂是數學課。

聽完講解然後解題，總共花了二十幾分鐘。孩子們又問我可不可以再去操場玩？我說當然可以。

孩子們再次一起異口同聲朗讀起規則，接著往操場跑去。幾個孩子把剛剛哭泣的孩子帶到了溜滑梯旁，我跟在玩溜滑梯的孩子們身後，坐在長椅上開始看書。

也許是溜滑梯看起來很有趣，原本在盪鞦韆的孩子們也跑了過來，問我他們能不能玩溜滑梯。我說都可以，所以他們所有人都爬到了溜滑梯上，排隊按照順序溜了下來。

突然，剛剛哭泣的那個孩子，說了一句話：「你們為什麼來玩溜滑梯，你們應該去盪鞦韆啊，你們難道占到溜滑梯了嗎？」

「溜滑梯又不是你的，我們也可以一起玩啊。」

「呿，你們剛剛不是不讓我盪鞦韆嗎？結果又跑來玩溜滑梯。」

「那你也可以去盪鞦韆啊，現在那邊沒人，你可以去盪。」

聽到這句話之後，剛剛哭過的孩子跑到盪鞦韆那邊，一個人盪著鞦韆，但是過程中卻好像又很在意溜滑梯這邊的情況，一直偷瞟。看到其他孩子們都沒有反應，他又跑回來溜滑梯這裡。

我理解似地說：「這麼快就回來了？很無聊嗎？」

「嗯，一個人盪很無聊。」

「那玩溜滑梯吧。」

「不要，我要去玩攀爬架。」

但是他沒在攀爬架玩多久，又跑回來溜滑梯這裡，然而他只看著在溜滑梯上玩耍的其他小朋友，自己卻不上去。

「老師，他們好壞，都排擠我。」

「排擠？」

「對，我一個人玩攀爬架很孤單。」

「孤單？」

「他們都不找我一起玩，這樣不就是排擠嗎？」

「是嗎？還是老師現在叫他們跟你一起玩？」

「不要，我不要玩。我媽媽說不要跟會排擠朋友的壞朋友一起玩。」

「那你要跟誰一起玩？」

「我跟老師一起玩。」

「嗯哼，但老師在看書呢！」

「那你要我怎麼辦。老師也要跟他們一樣排擠我嗎？」

「我沒有想排擠你，但是我想看書，如果你想跟我一起玩，你也要看書。不要的話，那就去找朋友們一起玩。」

「那我要回教室。」

「那可不行。」

「（哽咽）到底為什麼？」

「現在是跟朋友一起玩耍的時間。」

「（開始流眼淚）就說他們不跟我一起玩了。」

「在老師看來，是你不跟他們一起玩耶。」

「（哭著）老師為什麼只罵我？」

「現在是什麼時間？」

「跟朋友一起玩的時間……。」

「（我指著孩子們）你看，他們都在跟彼此一起玩耍，但是現在你一個人自己站在這，不想跟朋友們一起玩，所以錯的人是你。」

「（繼續哭）他們討厭我，我要怎麼跟他們一起玩？」

「如果他們不討厭你，你想跟他們一起玩嗎？」

「……。」

「要不要老師去幫你問問？」

「好……。」

我去轉告了孩子們，但他們的反應並不是太好。

「老實說我不想跟他一起玩。他很愛耍賴，如果要這樣，他幹嘛還來學校，自己在家玩就好了。」

「他說想跟你們一起玩。他剛剛跟老師說，如果他可以跟你們一起玩，他就不會耍賴了，但是他怕你們討厭他，所以沒辦法跟你們一起玩。」

「他騙人的啦，只要老師不在，他又會開始耍賴。」

「還是你們要直接去問他？問完之後，如果想跟他一起玩就再一起玩吧！如果不想跟他一起玩，那不玩也行，只不過我們就得回教室了。」

「蛤？為什麼要回教室？」

「現在是跟朋友一起玩的時間，如果不想跟朋友一起玩，那就要回教室。下一堂課是什麼去了……？」

我話還沒說完，就已經有幾個孩子朝剛剛哭過的孩子跑去了。大概兩、三分鐘的時間吧，他們自己竊竊私語，然後孩子們牽著手跑了過來。

「好了。現在我們一起玩吧？」

孩子們紛紛從溜滑梯上溜下來，一邊笑著一邊玩耍，好像從來沒吵過架，也從來沒有孤單過。

過了一會兒孩子們成群結隊，有些人幫朋友推著鞦韆，有些人在踢足球，還有些人好像太無聊，結伴一起爬上了攀爬架；後來還有人吊在教室前面的松樹上，有些人則穿過操場跑去玩蹺蹺板或溜滑梯。

這段時間裡，有兩個孩子為了誰要先玩盪鞦韆而吵了起來。見已沒什麼好說的，其中一個孩子使勁推了對方。

被推的孩子開始哭了起來。此時另外一個孩子跑過來，安慰正在哭泣的孩子，但即便如此，他仍然繼續哭。我坐在離他們僅有幾步之遠的地方，假裝自己沉浸在書中，把頭轉向另一邊，佯裝沒看見。孩子的哭聲開始在人少的學校操場上傳開。

其他孩子立刻放下手邊的遊戲，聚集在一塊，齊心協力責備推人的孩子，還有部分孩子跑來要求我去罵罵他。見我拖拖拉拉，孩子們又跑回去推人的孩子那，繼續訓斥他。

受到責備的孩子，起初先否認，說事情不是這樣的，但隨著孩子們的責備越演越烈，他爆了粗口——吵屁哦！

「覺得委屈可以跟大家一起討論，但不能罵人。」

孩子們確認了一下我的臉色，我又再往一旁退了幾步，拿起剛剛正在閱讀的書籍。

因為他罵了髒話，這次孩子們要求他快點道歉。

由於除了朋友們以外，連老師都在看著自己，所以他用細微的音量說了抱歉。接著他踢了踢礫石，站起身來，坐在鞦韆旁的梧桐樹下捂著臉哭了起來。

其他孩子們又重新回到自己的地盤玩耍了。

這裡是孩子們的小小共和國，孩子們就是民眾，這就是多數人的輿論戰勝了少數人的瞬間。

過了一會兒，某個孩子先前脫掉的外套掉到了地上，沾染上了沙子，他為此嚎啕大哭。而另一個孩子，哭著說他的手被樹枝劃傷了。誰說一年級的孩子動不動就哭呢？孩子們的眼淚，不管在什麼情況下都是合理的。

他們為了各自面臨的問題而哭著，偶爾也會去安慰正在哭泣的朋友，孩子們今天依然成長了。

當孩子們被自己的情緒籠罩，不管是哭或笑，我都會適時介入，或是假裝不知道。**孩子們必須哭泣才能成長，哭泣的過程中，會讓原本有稜有角的個性變得圓融**。被朋友責備的孩子，不管再怎麼堅持，最終仍抵擋不了輿論。

如果孩子能在入學前就改掉有稜有角的個性，那該有多好。如果他們在小時候，就先把現在該哭的眼淚哭完，如果他們現在就已經懂得如何跟其他孩子相處，那麼他們就不需要等到現在，還要強忍著被嘲笑是幼稚園小朋友，並為此傷心落淚。如此一來，孩子們也不會哭著叫媽媽，叫到嗓子都啞了；孩子的媽媽更不需要從工作崗位上趕過來，看著落淚的孩子而感到傷心。但至少現在還來得及一邊哭泣一邊成長，也算是孩子們的福氣了。

這天哭過的孩子，全都收到了來自於我過分的照顧。我把孩子們帶到教導處前面的水池旁邊，一一幫他們擦掉淚痕。對孩子們來說，這就是一份小小的勳章。

孩子戀愛了？教室裡的愛情連續劇

有個孩子正在為了愛情哭泣。你問我：「他乳臭乾了嗎？」我不知道；問我：「五年級的孩子能懂什麼？」我也不知道。但是孩子們有時候會為了某個人心蕩神馳，有時候則會為了某個人而心痛，我姑且把它稱之為「愛」。

孩子們竟然戀愛了！那些到去年為止還在大喊大叫，動不動就哭的孩子們！愛情這件事，他們是自己領悟出來的嗎？孩子們果然能自我成長，擁有自行長大成人的本事。

在五年級的教室裡，當小女孩開始喜歡上小男孩，會發生什麼事呢？小女孩會聚精會神在男孩身上，但是男孩卻無法意識到女孩的存在。

教室裡有著已經進入成熟世界的十二歲女孩，以及還在覺得彈棋比較有趣的男孩，而在這個地方，有著愛情。由於還不太成熟，他們經常跌倒，但也因此才多采多姿。看著孩子們開出屬於自我色彩的愛之花，觀察這份奧秘的趣味，也是當老師的亮點所在。

學年初的某一天。

有傳聞說我們班的敏智喜歡鎮碩。我雖然每天都跟孩子們一起待在教室，但因為笨拙卻是最後才知道的。在三十幾人的教室裡，錯節盤根的愛情傳聞，對這個時期的孩子們而言是最有趣的話題。目前我們教室裡，有幾個人正在熱戀，有幾個人正在單戀，大家認真的程度不亞於愛情連續劇。這正是荷爾蒙開始過剩的高年級。

這麼看來，敏智的視線果然盯著鎮碩，上課時漫不經心，下課時間更是如此。哎呦，再這樣下去鎮碩都要被看穿了。敏智的眼神裡充滿著朝氣，這女孩的眼神不久前還沒有這麼炯炯有神的啊？

可是該怎麼辦呢？看起來鎮碩好像對敏智沒興趣，而且喜歡素妍。這是三角關係嗎？

幾天過後的美術課。

鎮碩跑來問我可不可以搬動位置，跟朋友一起用顏料，然後他走到素妍的位置，把椅子舉了起來，放在自己的位置旁邊。開始畫畫後，鎮碩又站起來去裝水，把水倒到素妍的顏料桶裡。

從剛剛就一直盯著他倆的敏智，表情變得扭曲。好像是忍無可忍了吧，她脫口而出了一句話，滿是嘲諷的語氣。

「天啊！李鎮碩！你差不多就行了吧，還幫她倒水？老師！我們班有情侶誕生了！」

旁邊三、四位孩子也開始跟著唱歌取笑他們。

此時素妍大喊：「你們找死嗎？老師，快罵罵他們！」

鎮碩裝作什麼都不知道，只顧著畫畫。我觀察他的表情，看起來好像隱隱約約有些開心。但是素妍一直在生氣，鎮碩便用著有些厭煩的表情向我說：

「老師，我們不是情侶，真的。（拿著自己的顏料給素妍）李素妍，快回去妳自己的座位上！」

比起敏智的嘲諷，對於鎮碩的反應，素妍的眼神裡充滿著失望與不諒解。她立刻回到位置上，瞪了敏智一眼，開始畫畫。

我把敏智叫來前面，問她知不知道不可以在課堂上說一些會讓朋友生氣的話，她表示自己知道。由於還在上美術課，我打算晚點再跟她聊聊。

放學後，等到孩子們都回家了，我和敏智面對面坐著。

「妳知道老師為什麼叫妳留下來嗎？」

「知道，我在美術課上說素妍跟鎮碩是情侶。」

「我可以問妳為什麼要這麼做嗎？」

「沒有為什麼。他們真的在交往，素妍自己跟大家說的，但是鎮碩否認。

我們班的人都知道這件事。」

「如果大家都知道……那妳為什麼還要告訴大家鎮碩跟素妍在交往？」

「我只是說說而已。因為大家都知道，我以為說了沒關係。」

「但是素妍跟鎮碩好像對妳感到很生氣？」

「他們才搞笑，他們交往是事實，真是裝模作樣。」

「那妳為什麼要生氣？」

「我不知道。他們明明在交往，那就承認自己在交往啊！」

「我應該知道素妍跟鎮碩為什麼會生氣，但如果妳不知道的話……老師會很擔心。妳今天要想通他們為什麼生氣之後才可以回家。」

「可是我要搭補習班的車，如果遲到會被罵。」

「那妳就得加緊腳步了，在妳想清楚之前都不能離開。」

「那我如果補習遲到就是老師的責任哦，因為你不讓我離開，我會打電話跟我媽媽說。」

敏智把寫著自己媽媽手機號碼的畫面亮給我看。

「好，我知道。那妳打完電話之後，會坐在位置上思考自己錯在哪裡，然後跟老師說，對吧？」

敏智沒有辦法打電話給媽媽，她之前就曾因為喜歡鎮碩的事被媽媽發現而挨罵。按照敏智的轉述，她上大學之前都不能交男朋友。

後來我跟敏智媽媽面談的時候，一問才知道她並不是要求敏智不能與異性交往，而是叫敏智不要再「到處跟男生告白」，然後又被甩。她說敏智已經跟很多男生告白過了，但恰巧所有人都拒絕了她，敏智媽媽擔心她看起來太輕浮。敏智媽媽是擔心敏智受挫才說出這些話的，但是對於五年級的孩子來說，要理解這些話並不容易。

雖然高年級的孩子已經進入了青春期，但仍然無法違抗父母的要求。不過即便如此，他們也沒有打算要聽話，所以從這個時期開始，孩子們在家長面前表現出來的自己，會跟現實中的自己開始分離。在家裡乖巧的孩子，在學校可能是忠於自我慾望的孩子，特別是在異性交往方面，更是藏得隱密。如果知道家長對於異性友人持有負面態度，孩子們就會乾脆隱瞞，或只向身邊親近的朋友傾訴。

向媽媽告狀的威脅行不通，敏智的表情開始變得哀傷，低頭摸著自己的手指頭。她是因為自己喜歡的鎮碩喜歡上了素妍，所以才心情不好的吧？她應該已經很傷心了，我有些擔心自己是不是太過冷血無情，所以先開口說：「就算鎮碩跟素妍關係很好是事實，但是被妳爆料也不會是一件開心的事。那是他們兩個之間的事情。」

敏智一臉生氣地坐著，接著突然開始落淚。

「老師，我想起來了。他們會生氣是因為我捉弄他們。」

「妳捉弄了他們，但妳為什麼心情不好？」

「就說我不知道了。如果他們在交往的話，被捉弄也要忍耐吧？」

「為什麼他們在交往被捉弄就要忍耐？」

「就是這樣啊。如果覺得被捉弄很丟臉，那他們就不要交往啊！」

「他們就算交往，也可能因為害羞，不想讓別人知道吧？」

「交往為什麼要害羞？別人想要跟他交往，還因為告白被拒絕而不能他在一起。」

「誰不接受妳的告白？」

「鎮碩。去年我跟他告白的時候，他拒絕我了，然後他就跟素妍交往了。可是是我先告白的，他背叛了我。」

✽

孩子們沒辦法妥善處理被喜歡的對象拒絕的情緒。雖然是這輩子第一次體驗這件事，但敏智還沒有機會學習如何處理這樣的情緒。這種私密的情緒應該向誰學習呢？雖然向家長學習是最好的，不過孩子們不會跟家長進行這類型的談話。所以孩子們往往會向其他跟自己一樣懵懂的朋友，或是透過漫畫、愛情連續劇學習愛情。但不是所有孩子都是愛情連續劇裡的主角，該怎麼辦呢？

隔天有一個孩子為我捎來消息：「老師，聽說素妍跟鎮碩分手了，素妍被甩了。」

果不其然，教室裡這兩個孩子表現得跟昨天不一樣，對彼此很冷淡。這是五年級教室裡經常發生的事。

那天晚上，素妍傳了一封訊息給我。

「老師，請您罵罵李鎮碩，他竟然叫我滾開（哭哭）。」

「天啊，鎮碩說了這種話嗎？」

「對，他真的這樣跟我說。（素妍截圖鎮碩傳給她的訊息轉傳給我）」

「嗯哼，原來是真的。老師明天得要跟鎮碩說句話才行。」

「但是……我也罵了鎮碩是窩囊廢。」

「哎呦，我還以為你們倆關係很好？」

「現在不好了。我是怕老師以為我跟鎮碩『還在交往』，所以才特地來跟您說的。」

隨著時間流逝，原本關注鎮碩的女孩子們，又分別各自關心起了其他事物。由於他們還小，對愛情懵懵懂懂，所以忘得也很快。

這段時間裡，鎮碩喜歡上了娜京，但是娜京看來好像並不太喜歡鎮碩。總是身處人氣中心的鎮碩顯得有些慌張。

當時我正好與鎮碩的母親進行了面談。

「天啊！還好我兒子很受歡迎。他現在還什麼都不懂，在家就是個小孩。」

「很受朋友歡迎，代表這個孩子成長得當。孩子們的眼光都很精準，不會只因為長得帥就受到歡迎，這代表他個性很好、待人親切。」

「那我應該要怎麼做呢？裝作不知道會比較好嗎？」

「不要阻止他，但偶爾問問他。只要表現出媽媽很關心和重視鎮碩的人生就行了。」

不知道是不是娜京跟鎮碩獨特的淘氣很合拍，她偶爾也會跟鎮碩聊天。不知不覺間，這兩個孩子還會在午休時間一起散步，甚至把作業給彼此看，關係變得很親近。

隨著校外教學的時間越來越靠近，鎮碩傳訊息問我，他跟娜京可不可以在校外教學的巴士上坐一起。我告訴他，如果娜京願意的話就可以。

然而校外教學的前一天，兩人原本甜蜜的關係，卻迎來了危機。鎮碩因為想踢足球，所以拒絕跟娜京一起搭補習班的車，還跟娜京說：「如果跟你一起搭補習班的車，朋友們可能會取笑我。」鎮碩確實是這麼想的，但是他好像有點太過直率了。娜京很失望，因為是鎮碩先向她告白，兩個人才越走越近，然而鎮碩顧慮朋友的看法卻傷害了娜京。

傷心的娜京傳訊息給我，說她不想跟鎮碩一起搭巴士了，而我也聽取了娜京的要求。看著這段時間對娜京用盡心思的鎮碩，雖然我也希望娜京能再給他一次機會，但這豈是我能介入的呢？我能做的只有安慰鎮碩。

「唉，我本來不想踢足球的，但是其他人問我要跟娜京去幹嘛，所以我才對娜京那樣坦白……。」

鎮碩一臉垂頭喪氣。

「哎呀，該怎麼辦？老師也很想幫你……。」

「我想跟娜京道歉，但她都已讀不回……。」

「不回答也是娜京表達心意的一種方式吧？這是娜京的決定。如果你還想做點什麼的話……就請教一下長輩吧？」

「我之前曾經有跟我媽媽說過了。她叫我要好好跟娜京相處，還給了我零用錢……。」

「如果你是媽媽，面對這種情況你會給出什麼建議？」

「嗯……交女朋友幹什麼？（笑）上大學再交女朋友就好了。」

「媽媽們這麼說的意思是，交女朋友要謹慎一點。」

「但是現在我媽媽已經知道了。我倒希望她起初就不要知道，這樣我和娜京分手了，媽媽也不會知道。」

「但是你跟女朋友分手這麼多次，媽媽應該都是站在你這邊的吧？」

這個時期的孩子，在因為愛情受傷而需要安慰的時候，大部分都不會想到家長，因為他們都認為，一旦家長得知消息，自己就會受到指責。

遇到讓自己心跳加速的人，因而陷入喜悅，這應該是一件值得最先從家長身上獲得祝福的事情，但是我們的孩子，怎麼會想要隱藏這些事情呢？是什麼阻擋了孩子們的愛情呢？

孩子們交往的時候，其中一個最想避免的狀況就是被班導發現，因為他們認為班導如果知道這件事，自己就會受到責備。要不是其他孩子向我通風報信，我也不會知道他們的戀愛史。

孩子們的戀愛中有著許多變數。他們會因為一點點的誤會而焦慮，然後分手和哭泣，有時候也會在三角或四角關係之中受挫。孩子在這種時候經歷的痛苦，會比友情關係中的痛苦來得更深。也有孩子被曾經信任過的男友背叛之後，說出「希望對方乾脆死掉算了」這種話。愛情這種感情，對於還年幼的孩子而言，有時候可能是一把利刃。

這種時候如果有大人可以安慰孩子的傷痛，分享自己的經驗，那該有多好啊！如果我們不了解孩子的世界，那當孩子面對問題的時候，我們就無法提供幫助，這也是為什麼大人應該祝福並支持孩子們的戀情。

「我想跟娜京道歉，但是我沒有勇氣。我不知道她願不願意接受我的道歉……啊，好煩啊！」

一般來說，當孩子們遇到這種事情，他們會拖延了事，然後又回到像過去一樣嘻嘻哈哈的日子，但是鎮碩似乎不管怎麼樣，都想要繼續維持跟女朋友的關係。

「天啊，鎮碩真帥氣！如果你想跟她重修舊好，那就試著道歉吧？也許會成功啊！」

「但是……有點丟臉……。老師可以代替我跟娜京說嗎？拜託。」

「好吧，但是有件事你要先知道。娜京也有可能不接受你的心意，這取決於娜京的想法。」

鎮碩在去校外教學的途中，買了愛心形狀的手機吊飾。他把一半的愛心交給我，要我轉交給娜京，然後自己小心翼翼地把玩著另一半的愛心。當時鎮碩的心境究竟是如何呢？

結果娜京並沒有接受鎮碩的禮物，愛心吊飾沒能掛在任何人的手機上，重新被放回了盒子裡，鎮碩又再次失望了。我在青春期的時候，也曾經被女生嚴厲拒絕過，雖然我費盡心思編造了一些安慰的話，但依然行不通。

✽

跟家長面談的時候，每當我提到孩子們的戀愛史，大部分的家長都會用雙手摀住嘴巴大笑：「我們家孩子還是只是個孩子……談戀愛了？我們家孩子嗎？哈哈！」

孩子們談戀愛非常可愛又有趣。「孩子已經長那麼大啦？」有些大人們會感到又驚訝又可愛——原來不知不覺間孩子已經成長到懂得喜歡他人的地步了——這種反應反而令我感到安心。

但是也有些家長卻會覺得自家孩子的愛情很可笑，連自己洗頭都還學不會，也不會整理自己的房間，哪懂什麼愛情？有些家長會說，孩子們就是看太多電視劇才會這樣；也會有家長說，現在的小孩從小就不單純。但其實這些家長也是在小的時候，就學習到了什麼是愛。

有些家長會說，自己在這個年紀的時候，別說什麼愛情了，他還會刻意避開男孩子，對其敬而遠之。因為他們遠離這些不必要的誘惑，埋首苦讀，才有現在的成就。但是現在的小孩不但不讀書，甚至還虛有其表，這該怎麼辦？希望老師要好好開導他們。

「所以說身為老師您應該出面阻止。要是我們的孩子陷太深，該做的事都做不好，那該怎麼辦！」

性荷爾蒙旺盛的高年級學生，對於和異性交往非常感興趣。他們會尋找心儀的對象並等待機會告白，如果對方接受告白，就會成為情侶。

成為情侶之後，他們會互相送對方禮物，經常傳訊息給對方。與國、高中生不同的是，小學生與異性交往，大部分的朋友都會知道（大多數都是他們自己先開口炫耀）。因為年紀還小，所以情侶關係往往不會維持太久（大部分都在三個月以內）。雖然一開始是因為互有好感而交往，但是他們馬上便膩了，接著就不了了之，自然而然漸行漸遠。

孩子們不太知道要如何「結束」，他們的方式就只是彼此疏遠，但是他們對於「劈腿」卻很敏感。他們雖然不會提到哪對情侶是什麼時候、怎麼樣分手的，但是卻會提到誰劈腿了。不過這也都是暫時的，他們很快就會忘記，因為他們就是處在這樣的時期。

孩子們好像反而比較容易被家長的反應嚇到，如果家長反應太過於敏感，孩子便會退縮或企圖隱瞞。他們會為了在家長不知道的情況下，偷偷傳簡訊而不睡覺等到深夜，最後出現睡眠問題；或者是想要盡可能遠離家裡，跟異性朋友一起玩耍，結果引發更嚴重的擔憂。這就是為什麼家長不應該過度反應，或以負面態度處理這種事情。

與異性分手後所經歷到的心理問題（憂鬱、憤怒、跟蹤、執著、約會暴力……），不是只會出現在大人身上，孩子們也會經歷。**當自己的孩子陷入感情之時，大人們不應該禁止或放任不管，而是要細心觀察孩子的心境，幫助他妥善應對。**如果出發點不正確，孩子未來就可能在愛情關係方面養成不正常的習慣。**他們必須跟各式各樣的人交往，健康地經歷愛、挫折、受傷的過程，才**

能成長為懂得如何正確愛人的大人。

孩子將來每次戀愛時，究竟會感到幸福或是焦慮，取決於父母是以熱情接受，還是以忽視的態度來面對孩子的戀情。孩子的自我認同，就來自於這些一切的層層積累。所以說，各位家長們，不要禁止孩子們不成熟的異性交往，應該為他們加油打氣。

Part 2

與生俱來的孩子、逐漸轉變的孩子

接納內心慾望，教育出自私的小孩

我正在培養五年級孩童的自我認同——讓他們了解自己是什麼樣的人，就等同於在建立自我認同。雖然每個人都有自我認同，但就算是成人，擁有明確的自我認同、珍惜並認同自己，且擁有高自尊感的人也並不多。

自我認同只能靠自己建立，需要經歷很長時間才能養成，無法仰賴他人（老師或家長）。

對於五年級的孩童來說，自我認同是什麼呢？所謂的自我認同，就是讓他們能在面對喜歡和不喜歡的事物、感到舒服或不舒服的氛圍、想做還是想放棄時「做出決策」的關鍵。孩子現階段所建立的自我認同，當然會受到成長環境的影響，所以家長的教育至關重要。

在孩子們已經形成的自我認同中，有健康也有不健康的部分。教師的職責，就是讓孩子們展現出自我認同，培養健康的部分，並且幫助他們放掉或修正不健康的部分。

孩子們的自我認同與他的喜好有關，所以我們應該先讓孩子思考自己喜歡和不喜歡的事情。五年級的孩子，本能上已經知道自己的喜好為何，但是卻鮮少有展露自我喜好的經驗。想要知道孩子的喜好是什麼，就必須先詢問他們喜歡什麼。

只不過，我們必須要小心謹慎。如果稍有差池，很可能導致孩子們開始隱藏自己的喜好，甚或隱藏他的自我認同。一旦孩子下定決心要隱藏自己，日後就不太會再展露出來了。我們必須要引導孩子，讓孩子在沒有羞恥、焦慮、罪惡感的狀態下，願意自然地展現自我。我們可以利用合適的狀況，提出讓孩子不會感到壓力的問題，營造出對於孩子來說，可以不假思索就回答問題的氛圍。

令人出乎意料的部分在於，家長們都對此感到困難，有的時候在教師面前孩子反而更能放心地表露自我。

✽

我會讓我們班的孩子每週輪流（按照號碼）擔任班上的小幫手，每個孩子每年都會擔任二～三次的小幫手。

「小幫手會幫助老師和大家。當我們班有需要做決定的時候，老師會先詢問小幫手的意見。」

第一週的小幫手是柳英（我們班的一號）。

由於當天是五年級開學的第一天，我先做了孩子們的名牌。我問柳英：

「柳英喜歡什麼顏色？」

柳英想了一下，回答喜歡藍色。正在製作名牌的我，聽到柳英的回答後，立刻決定把字體顏色改成藍色。此時，有幾個孩子提出了異議。他們說不要藍色，他們更喜歡紫色或綠色。看到朋友們反對自己的意見，柳英的表情變得有些不悅，因為她喜歡的東西（自我認同）沒有被朋友所接納。

「我收到你們的意見了。但是小幫手柳英說她喜歡藍色，所以這週的名牌要用藍色的。假如輪到你們當小幫手的時候，剛好有做名牌，我也會問你們的意見。」

午休時間到了。因為新冠肺炎的關係，大家不能夠聚在一起玩耍，再加上天公不作美，孩子們早早就進到教室裡坐好了。

這時候我又問了柳英：「柳英喜歡聽什麼歌？」

「蛤？歌……嗎？」

「假如妳一個人待在家裡，突然想要聽一首歌，妳會聽什麼？感覺妳會喜歡率性的音樂吧？老師現在想播音樂。」

「現在……嗎？」

也許是受到說自己喜歡藍色之後，被朋友反駁的經驗影響，柳英顯得有些猶豫——這是很自然的反應。

「我想讓班上同學一起聽聽柳英喜歡的音樂，再加上我也很好奇，所以才問妳喜歡什麼音樂。」

「但是……現在嗎？」

「嗯，現在。」

雖然有些孩子可以大方說出自己的喜好，但其實這件事對於五年級的孩子來說並非那麼容易。柳英沒有馬上就說出歌名，但是在老師的詢問之下，她又不能不回答……她很苦惱，而且好像也在觀察著周遭朋友們的反應。

我將柳英暫時帶到了走廊上。

「我覺得妳心裡面應該有想聽的歌吧？」

「有是有，可是……。」

「這週妳可以決定所有事情，說出來沒關係的。妳在擔心什麼嗎？」

「……剛剛有些人不是說討厭藍色嗎？我怕說出來又有人會講什麼。我雖然有喜歡的歌，但是那首是新歌，大家有可能沒聽過……。」

也許大家會想，老師都講說出來沒關係了，幹嘛還這麼糾結？根本不用管其他人說什麼，怎麼連這點小事都要擔心呢？不過大部分高年級的孩子們都是這樣的。這個時期的孩子，對於周遭的反應（評價）很敏感，所以在做選擇的時候，會看身邊其他人的眼色。對於他人評價敏感的孩子們，甚至會輕易放棄能為自己做選擇的既得利益。當這種習慣反覆發生，孩子們就會漸漸失去為自己著想的機會。

要是每件事的決定都在迎合身邊的其他人，這會讓孩子會變成怎麼樣呢？他們將會成為「他律」且「被動」的孩子。在這個時期，許多孩子都會壓抑自我慾望，迎合他人的慾望。

例如：

- 願意拿自己的手機分享熱點的孩子。
- 媽媽說不可以喝碳酸飲料，但只要朋友約就會喝的孩子。

●美術課上不做自己的勞作，都在幫忙朋友，結果把時間耗盡的孩子。
●朋友想要自己新買的筆，就直接送給對方的孩子。
●去小吃店，說自己「隨便」吃什麼都可以，把點菜權交給朋友的孩子。
●在角色扮演時，放棄演主角，認為演什麼都沒關係的孩子。
●花光自己的零用錢幫朋友買零食的孩子。
●聽到朋友說：「你連這個都不會嗎？」還裝作若無其事的孩子。
●即使朋友霸占自己帶來玩的玩具，依然選擇忍耐的孩子。
●明明自己也很熱，但卻幫抱怨天氣熱的朋友搧扇子的孩子。

像這樣子的孩子，每間教室裡都有好幾個。大多數的孩子都認為這樣的孩子是「善良的人」，因為他們懂得禮讓，又不會生氣。

我們形容壓抑自我慾望，迎合他人慾望的孩子是「善良的孩子」，乍聽之下雖然是句好話，但遺憾的是，這些孩子們的身邊往往會聚集不善良的孩子。

就像在大人的世界裡，善良的人身邊，往往充斥著想要壓榨和利用他們的人。那些受人誇獎，被說人很好、很善良、講義氣、講人情，但卻獨自吃著悶虧的大人們，也許小時候也都是「善良的孩子」吧！

究竟這類型孩子是怎麼養成的呢？有一半是與生俱來（氣質、個性、傾向），另一半則是後天養成（成長、教育環境）。

假如有一天，家裡拿了一包餅乾給這樣的孩子帶去學校，而朋友們都爭相說自己想吃，情況會變成怎麼樣呢？

在這種情況下，家長最期望看到的大概是「孩子確保自己有足夠的分量，然後把適當的量分送給朋友吃，跟朋友建立起深厚的友誼」。

然而現實會如何呢？

孩子與朋友之間的摩擦加劇了——「這是媽媽要給我吃的餅乾，但他們一直跟我要，真煩人！」、「我分一點給他們吃了，可是他們又一直說還要，那我要吃什麼？」、「把我給你們的餅乾還來哦，裡面一點都不剩了。」

或者讓他們學習到自責和挫折——「我雖然想自己獨享……但朋友想吃，所以我還是得分享啊，結果給了他們之後，就全都給出去了。」、「我本來只想分善圭和藝琳，但一會之後聖恩就回來了，我還跟聖恩道歉說我沒東西可以給他吃了。」

健康的自我認同是保護孩子們的鎧甲。當孩子遇到要做出選擇的情況時，自我認同是可以讓他堅強起來的力量。自我認同會在人生的過程中養成，但是有一半以上的自我認同，在國小時期就會形成，所以這個時期很重要。他們現階段建立的自我認同，會決定他們日後將成為一個怎麼樣的大人。

假如我們班的孩子，以後成為了一個自律性不足的大人怎麼辦？如果他們以後變成「只懂得善良的大人」怎麼辦？不論如何，我都要先讓他們成為一個更懂得自私的孩子。

「老師不想聽其他人喜歡的歌，我想聽妳喜歡的歌。不要擔心，等到其他人哪天當了小老師，我也會請他們說出自己喜歡的歌。」

也許是這段話帶給了柳英勇氣吧，她終於毫不遲疑地說出：「那我想聽防彈少年團的歌，最近他們推出了一首新歌叫做《ON》，在YouTube上就可以搜尋到。」

柳英原本垂頭喪氣的聲線，突然多了一些力量。我決定再更進一步，於是把教室的電視打開，告訴孩子們：「柳英已經決定好她喜歡的歌了，她會直接用老師的電腦搜尋，播給大家聽。」

所有人都看著柳英打開瀏覽器，在YouTube上搜尋歌曲。當他們看到柳英打出「防彈少年團」的時候，孩子們開始有了反應。

「哇，防彈欸！我超喜歡！」

「無言，女孩子就只知道防彈。」

「嗯？不是吧？太瞎了吧，聽別的啦！」

贊成和反對的意見此起彼落。柳英好像很在意其他人的反應，她點擊滑鼠的手有些猶豫，但那個猶豫只是一時的，她最後依然勇敢地選擇了自己喜歡的歌曲。

螢幕上開始播放起在遼闊水泥空間裡，男女一起跳著群舞的MV。我故意把音量調大，讓教室裡充滿著電音的節奏。雖然有些人覺得很吵，但也有很多孩子覺得開心。音樂持續播放，然而柳英比起音樂，更在意其他人的表情。她也許是很好奇，其他人對於自己喜歡且選擇的歌曲（自我認同）會有什麼樣的反應。

音樂播完後，我問柳英：「播自己喜歡的歌給朋友們聽，感覺怎麼樣？」

「我以為沒什麼人會知道這首歌，但是知道的人好像很多。」

「妳擔心大家的反應不好嗎？」

「對，我怕大家會說我怎麼喜歡這種歌。」

「聽完歌之後，妳現在感覺怎麼樣？」

「心情很好，因為好像很多人都知道這首歌。」

✽

五年級，正好是開始擔心自己的自我認同不受他人歡迎的時期。很多孩子都會有這類擔憂，因而企圖掩蓋自己的喜好和慾望。

對於孩子來說，隱藏是舒適的。被問想吃什麼，只要回答「隨便」就行；被問要買怎樣的衣服，也只要回答「隨便」就行——而且這種孩子很好照顧。

但是這種態度，卻很難培養出健康的自我認同。所有的孩子都有慾望，這樣的孩子只不過是不露聲色，把自己的喜好和慾望捆綁起來而已。這種時候，如果有人願意觸碰孩子隱藏的內心，他們就會鼓起勇氣。

當孩子展示出自己的喜好（喜歡的歌曲）並跟朋友分享了，接下來就是要幫助他以健康的態度接受朋友們的反應。朋友們的反應，可能讓柳英對自己選擇的歌曲感到驕傲（正面的自我意象），也可能會讓她責備自己連首歌都選不好（羞愧）。

正如我所料，其他孩子們的反應好壞參半。喜歡防彈少年團的孩子們為此歡呼；但不知道防彈少年團，或討厭防彈少年團的孩子們，就會抱怨音樂很吵，甚至還有孩子對我大喊要我把音量關小。在這種情況下，只要稍有差池，柳英就會失去正面的自我意象，反而感覺到羞愧，如此一來，原本想要培養自我認同的計畫，就會出現反效果。

我走進教室，對孩子們說：「老師今天也是第一次聽到這首歌。老實說，像老師這樣的大叔，真的很難喜歡上這種歌曲，我知道你們當中一定也有人覺得這首歌很吵。但我們之所以要一起聽這首歌，是因為這是我們班同學柳英喜歡的歌曲。我們該關心一下朋友喜歡哪一種類型的音樂，即便自己不喜歡，我們也不應該排斥，可以試著聽聽看，這麼做的目的是為了了解這個朋友，這正是現在我們所要學習的。」

如果沒有他人的引導，五年級的孩子們很難勇敢地表達自己，有些孩子不管你怎麼問，他都不會輕易展現出自我，甚至還會規避問題，或者乾脆避而不談。

怎麼會變成這樣呢？

回過頭來想想，你們是不是也經常聽到下面這類型的話語？

「哎呦，你這種個性，以後要怎麼在這個險惡的世界上生存啊？」（給予孩子負面評價）

「吃穿媽媽都會替你解決，你只要認真讀書就好了。」（否定孩子的慾望）

「你再這樣下去，長大還得了，要靠什麼吃穿？你以為人生這麼簡單嗎？」（對未來加諸過多的恐懼）

聽著如此話語長大的孩子，大多都會表現出低自尊感的狀態。他們認為自己沒有特別擅長的事情（喜歡的事情），不管做什麼好像都比不上別人，所以常常也會覺得「乾脆就不要開始」。當老師一直問他們喜歡什麼顏色和音樂，他們會感覺很困擾，所以還會拜託我不要再問了。從某方面來說，會有這樣反應是很理所當然的事。

五年級已經是高年級了，在小學裡會受到很多很好的待遇，但是對於家人來說，他們依然是個孩子。家長雖然相信他們已經懂得處理某些事情了，但在某個層面上又感到不踏實，所以有些家長會介入孩子的選擇和決定。對於習慣在這種環境下成長的孩子，要他獨自做決定是件很彆扭的事情。

這種時候，如果稍稍在孩子背後推他一把，你覺得怎麼樣呢？

「我想聽的是你喜歡的歌，不是其他朋友或弟弟妹妹喜歡的歌。」

天生的領導者，天生的輔佐者

一年級教室。

我剛進教室，一名孩子就走了過來，好像想向我確認什麼。

「老師，今天霧霾很嚴重，所以請不要讓大家出去盪鞦韆，知道吧？」

「是嗎？謝謝你告訴我這個消息，我差點就要帶大家出去玩了。」

過了一會，他走到貼在黑板上的菜單前，看了許久之後，過來跟我說起了悄悄話：「老師……您過來一下。」

我一靠近，他就指著今天的菜單問我：

「黑豆飯、燉豆腐、擠吧擠吧[1]，這些我都知道……但這個字是什麼意思？

1 譯註：짜요짜요，條狀包裝的韓國兒童優格，因須擠壓包裝食用而得名。

我只看得懂前面的『水果』……。」

「水果花茶跟辣炒雞。」

接著，這名孩子朝著班上同學們說：「今天會有水果花茶跟辣炒雞，知道了吧？」

由於孩子們正在各自玩耍，沒有什麼反應，所以他又更靠近孩子們，大聲說：「今天會有水果花茶跟辣炒雞，點心是擠吧擠吧，知道嗎？」

其他孩子們心不在焉地回答「知道了」，然後又繼續遊戲。

過了一會，九點鐘一到，那位孩子又看向貼在黑板上的週課表對我說：

「老師，第一節是數學課嗎？」

「哦，是嗎？謝謝你告訴我，老師差點就拿國語課本出來了。」

「哎呦，（指著週課表）老師要仔細看啊。（對著孩子們說）你們不要再玩了，快點拿數學課本出來。」

孩子們還沉迷在遊戲裡，看著他們拖拖拉拉的樣子，他走上前，幫他們拿出抽屜裡的數學課本，翻好今天要上課的地方。孩子們此時才回到了座位上向他道謝，他露出了滿意的表情。

下課時間。他看到週課表上的下一堂是「紙黏土製作」，又過來向我說：

「老師，下一堂課要做紙黏土，您知道吧？」

「哎呀，真是謝謝你跟我說，我差一點就忘了。可是，我把紙黏土放哪去了呢？」

「您又忘了嗎？上次我有告訴您啊，我把紙黏土放在備物桶裡了。」

「哦，對哦。謝謝你告訴我。」

「下次開始，我會把東西放在哪裡寫在紙上給您。我已經開始會寫字了。」

這個孩子個性直爽、話也很多，總縱橫馳騁地干涉著朋友們的每件事。若有人玩到一半起了爭執，他會插手阻攔；午休的時候還向其他人嘮叨，叫他們要認真洗手，不可以隨便洗。

他不只對其他孩子這樣，我的大小事也都要干預。他每個小時都會告訴我要上什麼課；看過手機上的天氣APP之後，會告訴我今早的氣溫將上升到幾度，會不會下雨或颳風。也許是因為這樣吧，孩子們都認為他是一個聰明的人，而他自己也這麼認為。

雖然他目前還分不清楚什麼時候應該站出來，什麼時候不應該，看起來有點焦頭爛額，但是日後隨著年級增加，情況就會好轉。

今年三月的時候，他跟現在還很不同。入學典禮當天，孩子的父親很尷尬地說，他還沒教他寫字。因為他很會說話又善於交際，本以為他會無師自通，結果並沒有。後來父親擔心他被朋友取笑，想教他寫字，可是卻不知道該怎麼做，由於孩子的媽媽是外國人，所以也未能如願教會他寫字。即使我要孩子的父親不要擔心，相信他在學校裡慢慢就會學會了，但孩子的父親看起來依然憂心忡忡。

開學後，我發現這個孩子看得懂自己的名字和一些簡單的字彙，再加上他天生積極，遇到不會的字也不會羞於提問，他的韓文能力開始快速成長。到了九月份，他已經很會讀書和寫字了（正常速度）。他沒有因為不識字而被朋友嘲笑，爸爸擔心的事情並未發生。其實對一年級的孩子們來說，朋友會不會讀書寫字並不重要（重要的是朋友要不要跟自己一起玩）。

父母的擔心顯得多餘，他反而成為了孩子們之中亮眼的孩子。他對任何事都很積極、充滿熱情，也照顧著班上的同學們，他就是一名領導者。

這類型的孩子通常要等到三年級，他們的領導力才會開始嶄露頭角，（雖然每間學校都不盡相同）因為大部分的韓國學校都是在三年級的時候開始選拔年級代表。這是過去只能被稱為班長的孩子們，垂涎三尺的職位——成為年級代表才是孩子擁有領導能力的最佳證據。參選和被選上的孩子，都會在這段時間，擁有一段熱血沸騰的經歷。雖然會有很多孩子參加選拔，可是一般都只有像他這樣的孩子會獲得壓倒性的支持，最終雀屏中選。原因是這種孩子的行為，平常早就已經緊密滲透到了其他同學之間。

當選年級代表後，獲得認可的孩子就更有名分能夠正當光明地接近其他同學。先前覺得他「囂張」的同學們，也會開始承認他是名符其實的領導者。

也許各位會認為，國小三年級的年級代表哪能做什麼？但是許多家長卻都夢想著孩子能夠成為年級代表，因為這是一個**職位造就個性**的時期。

成為年級代表之後，孩子就算不喜歡，也得扮演好某些角色，例如：帶領年級會議、從事各種年級代表的工作，孩子會在過程中不知不覺成為適合這個職位的人。在這不到一年的時間裡，只有擔任年級代表才能獲得這個培養領導能力的機會。

這段期間裡，孩子會體驗到非常緊張的感覺。升上高年級後，他們還會參與全校孩童會議，並在其中發言。每當我詢問年級代表，這段時間以來什麼時候讓他最印象深刻，所有孩子都選擇了這個時刻。可能是因為他們網羅了其他同學們的意見，要在比自己年長的哥哥、姊姊也參與的會議上報告，讓他們十分緊張。雖然報告很困難，但是報告完之後，自己就會成為被學長姐們（而且還是跟自己一樣，以前被選拔為年級代表的學長姐們！）認可的領導者，只有成為年級代表才能夠體驗如此這般的刺激感。

經歷這個過程後，孩子會自然而然地成為領導者。現在與過去不同的是，就算孩子們決策的過程不那麼成熟，學校也會盡可能尊重他們。目的在於讓孩子們擁有自行決策並執行團隊事務的經驗，而過程中，學生代表就扮演著非常優秀的橋樑。

領導者是與生俱來，還是後天養成？

長時間觀察孩子們之後，我認為確實有些孩子與生俱來就擁有著領導者的特質。

✽

一年級孩子們在操場的某個角落玩著占地盤的遊戲。幾分鐘過後，夏律似乎突然有些不耐煩，她把其他孩子叫了過來。

「要一起盪鞦韆的人舉手！」
孩子們快速舉起了手。
「那你們在我前面排隊。」
三位孩子在夏律面前排起了隊。
「你們剪刀石頭布吧！」
三位孩子開始猜拳。夏律對著猜拳獲勝的圭敏說：「你先跟我一起盪吧。」然後對另外兩個孩子說：「你們是下一個。」
此時圭敏站出來說：「妳為什麼不用猜拳？妳也要猜拳啊！」
「因為是我先說要盪鞦韆的啊，所以要按我說的做。」
這時候，其他孩子也發言了。
「哪有這樣的，應該要公平吧，為什麼只有妳不用猜？妳是老師嗎？」
「是我先說要盪鞦韆的啊，你猜拳猜輸了就要等。」
「那是妳自作主張，鞦韆是妳家蓋的嗎？」

「今天是我先說要盪鞦韆的，所以就要聽我的話。你如果不想盪就不要盪啊，走開。」

這兩個孩子繼續唇槍舌戰，而另外兩位孩子則跑來找我。

「老師！鞦韆又不是她的，她還硬拗！」

我單獨把夏律叫了過來。

「夏律，妳想要把鞦韆占為己有嗎？還是想跟朋友們一起玩？」

「我想跟朋友一起玩。」

「但是其他朋友好像都覺得妳想把鞦韆占為己有耶？」

夏律突然開始掉淚，一臉委屈。

「是我先說要盪鞦韆的，本來就應該聽我的。」

「其他人可能擔心妳把鞦韆占為己有，但妳不是這麼想的吧？」

「對。」

「妳要跟其他人說妳沒有這麼想，然後妳也應該一起加入猜拳的行列。」

「要是我輸了怎麼辦？」

「那妳也得等一下再盪。」

「可是，是我先說要盪鞦韆的。」

「如果妳先占到鞦韆，就可以決定所有規則，那其他人還會想跟妳一起盪鞦韆嗎？」

「我不知道。」

「那妳就必須做出選擇，看是要加入猜拳，跟朋友一起盪鞦韆，還是要堅持己見，不跟朋友一起玩。」

夏律皺眉苦惱著。

「好吧，我也去猜拳，可以了吧？」

「在這之前妳要先向他們道歉。」

「蛤？為什麼？」

「其他人不是在氣妳嗎？妳要先做決定，看是要先向大家道歉，開開心心地一起玩；還是要繼續生氣，然後孤零零的一個人。如果妳想道歉的話，老師可以幫妳，但妳要自己做決定。」

夏律好像氣沒消，握拳打著自己的大腿。但是過了一會，她的表情逐漸變得平靜。我把其他孩子們叫來，幫他們調解。

孩子們重新猜拳，不湊巧的是夏律剛好是最後一名。夏律可能又生氣了吧，她站在原地不動，其他孩子們則跑向了鞦韆。過了一會，剛剛提出異議的圭敏跑了回來，牽著夏律的手說：「不要失落了，猜拳本來就有輸有贏。我們去盪鞦韆吧，我先盪一下下就讓給妳。」

也許是這段話安慰了她，夏律擦乾眼淚，也跑向了鞦韆。

在幾位孩子當中，誰是領導者呢？是安慰了夏律，帶著她去盪鞦韆的圭敏。圭敏對先占的人就能決定規則這件事提出異議，實現了正義；另一方面又擁有肚量，能夠感同身受夏律猜拳輸掉的心情，甚至安慰了對方。

✽

不管在任何情況下，孩子們都會企圖展露自己的存在感，因為他們希望別人看見自己。這難道是原始的生存本能，使得孩子們覺得如果無法證明自己的價值，就無法在團體中生存嗎？

但是他們還小，證明自己的方式尚不成熟。他們為了想讓自己看起來很聰明，佯裝了不起，結果反而受到壓制；或者為了領導朋友們，卻過於勉強，最後反過頭來被攻擊：「你算哪根蔥？」

有些孩子善於領導，而有些善於追隨，這取決於個性。普遍來說，一個班裡面，十個孩子會有一、兩個比較善於領導，其他的孩子則對於領導這件事不感興趣，他們認為朋友叫他們做什麼，喜歡就做、不喜歡就不做，非常自然。

但相較於過去，我感覺近年來想成為領導者的孩子越來越多。不管是讀書還是玩耍，很多孩子都企圖想在朋友面前嶄露頭角。

如果是孩子本身喜歡這樣，那倒是沒什麼問題，不過這當中有些孩子卻好像在勉強自己。平常明明都扮演著追隨者的角色，卻突然為了要成為領導者，採取一些出人意料的行動。這些孩子要不是太過心急，不知道如何表達，而表現出具有攻擊性的行為；要不就是憑藉力量，改變遊戲規則，試圖操縱勝負的結果——如果連這樣都行不通，他們就會耍賴。

但這些怎麼可能有用呢？他們最後往往會變得跟同儕相處不愉快，被認為是「愛耍賴」或「好勝心過強」的孩子。想成為領導者，應該要先擄獲朋友的心，然而他們跟朋友們的關係卻是越來越疏遠。

跟這些孩子們面談的時候，能從中看到家長的期許。他們想把孩子培養成能帶領眾人的孩子，所以在背後推著孩子走。但是，就如同大人的社會一樣，在孩子的社會裡，想要追隨他人的孩子往往多過於想領導他人的孩子。如果要求喜歡且擅於追隨的孩子成為領導者，這孩子該會有多累啊！

我在每次面談的時候，都會把孩子的特質告訴家長，但這件事總是沒完沒了。家長們常會認為，這個社會想要的是可以領導他人的領導者，如果孩子太被動，日後會不知道怎麼生存。

事實上，**領導力和追隨力並沒有哪一方比較優越，兩者必須相互補足**。如果想要理解領導者的意思，執行出良好的成績，就必須要擁有能力不亞於領導者的合作者。一個天生就是輔佐者，卻被強迫培養出領導人特質的孩子，真的有辦法帶領與生俱來就是領導者的孩子嗎？即使強迫孩子成為領導者，也只在孩子還會聽話的時期（青春期以前）行得通。

最後，與生俱來的特質會培養出自覺，這份力量會讓有些孩子成為領導者，而有些孩子成為輔佐者。父母雖然會對此感到惋惜，但這卻是無可避免的事情。

如何督促讀書，才有用？

早上，我一進到教室，政延就跑來問我：「老師，侏羅紀是什麼時候？」

「侏羅紀？那是什麼？但我知道豬肉脯，豬肉脯很好吃。」

「吼，不要這樣啦。我昨天跟東延（弟弟）講了有關恐龍的故事，東延問我恐龍生活在什麼時期，我搜尋了一下，資料說是在侏羅紀時期，所以我就跟他說恐龍生活在侏羅紀時期。」

「你真棒，很聰明啊！」

「侏羅紀是不是很久以前？因為那時候還有恐龍。」

「嗯，對啊，是很久以前沒錯。」

「距離現在幾年前啊？」

「嗯……侏羅紀處於三疊紀和白堊紀之間……應該距離現在大約一億五千

萬至兩億年前左右吧……。」

我話都還沒說完，一名孩子指著操場大喊：「欸，哥哥們回教室了，現在盪鞦韆沒人，我們去盪鞦韆吧！」

接著好幾名孩子跟著他一溜煙地跑了出去。教室裡只剩下兩名孩子。

「兩億年嗎？比八萬八千年（孩子所能想到的最大數值）還久吧？」

「嗯，比八萬八千年還久。」

「那時候的人類都是原始人吧？」

「聽說那時候沒有人類呢！」

通常聽到這裡，孩子們就會說「啊，原來如此」，然後跑出去盪鞦韆了。

不過看來今天的他們認為其中還有未解之謎。

「那人類在哪裡？」

「應該是躲在洞穴裡吧？如果出來，就會被恐龍吃掉，對吧？」

「可是聽說那時候幾乎沒有人類的蹤跡。」

「蛤？真的嗎？但現在有我們啊。那人類是怎麼來的？」

「聽說人類不是從哪裡來的，而是就這麼出現了。」

「哪有這種事？我們是不是從宇宙來的？不是聽說火星有冰層嗎？我們有可能以前生活在冰層底下吧。」

另一個孩子看著在外頭盪鞦韆的孩子們，說自己也要去盪鞦韆，便跑了出去。教室裡只剩下政延一個人。

「應該不是這樣，如果你想聽的話，老師可以解釋給你聽。」

「好，我想知道，這樣我才能講給東延聽。」

「好啊，要從哪裡說起呢？」

「侏羅紀時期為什麼沒有人類？如果有人類的話，人類應該會把恐龍當寵物吧？」

「那個時候有太多威脅人類存在的危險動物了，而且也沒有東西可以吃。」

「那人類是在恐龍滅絕後才出現的嗎？這樣就不會被抓去吃掉了。」

「你知道恐龍滅絕嗎？」

「嗯！不是有一顆大型小行星墜落在猶加敦半島嗎？因為爆炸，煙霧彌漫在空中，導致陽光無法照射進來，所以恐龍就滅絕了。」

「猶加敦半島？」

「對啊，我聽說是掉在猶加敦半島，但我不知道那是什麼地方。」

「（拿出地球儀給他看）猶加敦半島是位於地球另一邊的村落。」

「我要把這個也告訴東延。」

「哇，東延一定很開心，哥哥連這種事都會告訴他。」

「對啊，所以他叫我要多看一點書。爸爸也說他去買菜的時候，會幫我借書回來。」

「哇，你爸爸真帥。」

「所以恐龍消失之後，人類才出現嗎？」

「是先出現了大猩猩和獅子等類型的動物，應該說是哺乳類動物嗎？」

「那人類還沒出現嗎？」

「對啊，人類很晚才出現，聽說以前的人類跟現在的我們很不一樣，他們毛髮很多，而且是用爬行的方式移動。」

「我知道，是南方古猿對吧？長得就像是《浩劫餘生》裡出現的黑猩猩。」

「哇，你竟然連南方古猿都知道！真是聰明的小博士！」

✽

我們班的七個小朋友裡，沒有人額外去補習。其中有一位小朋友，原本有在做韓語學習試卷，但不久前也停掉了。有一部分的原因是，以他現在的年紀來說，比起讀書，更應該著重於培養社交能力；另一方面，這裡的家長大多是為了可以讓小孩在更舒適和自由的環境下成長，所以才選擇返回家鄉。因此家長們常拜託我，比起讓小孩讀書，不如盡量讓他們多多玩耍。也許是因為這樣吧，我們班的孩子們雖然很愛玩，但是在學習的時候，反而比有在補習的孩子更認真。

對於長時間從事教職的我來說，這麼做反而比較好——比起上小學前，以各種早期教育之名，要求孩子學習太多東西，過早打消孩子學習的慾望更好。

但即便如此，單方面決定選擇「遊戲比學習更好」的教育方式，也不一定就是好事。我之所以會這麼想，是因為我見過很多孩子，不管家長的教育哲學如何，他們都渴望「多學一點」，就好比政延。

有的孩子是為了不被家長教訓而讀書；然而有的孩子卻只是為了告訴弟弟更多故事而讀書。

被動學習和主動學習，不用看都知道哪一邊孩子的學習成效會更好吧？但是當家長要強迫被動的孩子變成主動的孩子，問題就會發生了。

政延的父母從事養牛和種植番茄的工作，兩位都對要求孩子讀書不感興趣。他們繼承上一代的農地，只要有工作，生活就沒有什麼大問題。他們默默地希望孩子不要去大城市，過辛苦的日子；而是希望他們能夠在恬靜的鄉下，種田過日子。沒想到，孩子對知識過度強烈的好奇心竟成了問題（？）所在。

政延父母覺得幼稚園就識字的政延很了不起，所以買了幾本他喜歡的書給他，但他似乎把書背得滾瓜爛熟，只要一有空檔就開始問問題。他們雖然想回答，但自己讀的書也不多，所以他們買了一台電腦給政延。就此，孩子每天盯著電腦看。他們擔心政延會看到一些不太合適的影片，但又沒辦法時刻監督他，此時正好有人推薦孩子專用的學習平台（Junior NAVER, YouTube Kids）給他們。

跟政延父母面談完之後，我進到他們給我的Google帳戶，想確認觀看紀錄，看看政延都在看什麼樣的影片。

如果恐龍的書上出現他感興趣的恐龍，他就會打開電腦搜尋。不知道是不是覺得有趣，那部影片他一看再看。隨著他越來越了解恐龍，他開始也會講故事給朋友們聽，孩子們會針對自己感興趣的內容向政延提問，然後政延就會去搜尋，學完之後再告訴朋友。如果靠自己還是看不懂，他就會跑來問我。

這段時間以來，小朋友們都認為政延很聰明。現在連其他小朋友，玩到一半有不懂的事情都會跑去問政延，而政延就會跑來跟我借電腦搜尋，再把搜尋到的結果解釋給其他小朋友們聽。有的時候，儘管政延的解釋跟現實有些出入，但我也沒有強硬訂正錯誤的內容，反而會裝作對他的知識淵博感到驚訝。

不知道是不是我的稱讚帶來了效果，偶爾，別的孩子也會把從其他地方學習到的事物分享給其他人。也許是在向別人講解的過程中，孩子們體會到了知識淵博的快感，在講解的時候，也可以從他們的表情上感受到一股自豪。

按照自己的方式教育自己的孩子，也許是一種選擇沒錯，但即便如此，我們也**不能認為孩子一定會按照大人的意思成長。孩子和家長，是完完全全不同的個體**。

讓一位渴求學習的孩子，到外頭跑跑跳跳、四處玩耍，他的學習就會一落千丈嗎？並不會。就算出去玩，他還是會掛念著學習。

把一個想要出去玩的孩子，關在家裡面，強迫他讀書，他的學習就會突飛猛進嗎？當然還是有些效果，不過他也很難擠進甲等（前三%）之內。對於國小孩童來說，父母的力量某個層面上雖然還管用，但等到青春期以後，孩子對於學習的意志是絕對不變的。然而最壞的情況是，強迫一個還沒準備好的孩子努力讀書，這甚至會把他對讀書僅存的興趣都剝奪殆盡。

孩子會按照自己的方式長大。不喜歡讀書的孩子，就會成長為不讀書的人；喜歡讀書的孩子，就會成長為喜歡讀書的人，**沒有任何方法可以改變孩子的本性**。尊重孩子與生俱來的樣子，幫助孩子保持對學習或玩耍的最低限度興趣，才是身為養育者該做的事。

懂得多不是聰明，堅持聽到最後才聰明

低年級的孩子們，往往會認為自己懂得很多、很聰明。至於孩子們為什麼會有這種想法？聽完他們的言談後，你就會理解了。

「因為我讀很多書啊，我每天都讀三本書。」

「我又跟媽媽一起去白瓷博物館了，我去年也有去。為什麼又去？因為媽媽說，去年逛得不夠仔細，所以還要再去一次。」

「我有去學跆拳道，但有的時候也會在那邊讀書。」

「我有去補習，那邊作業超多的，每天都這樣。」

孩子們也許是因為，現階段的學習量大幅高於他們想做或能做的範圍，所

以理所當然地認為自己很聰明。「超多」這個詞，來自於他們自己的想法。他們明明已經看很多書了，但還是得再讀更多的書，或二度拜訪已經去過的博物館，「當然」會覺得自己應該懂得很多。

經常聽孩子說這些話的我，漸漸地也開始跟孩子站在同一陣線了。**如果讓孩子們感覺「我現在學的東西太多了」，反而可能會成為他們日後討厭學習的原因**。現在的社會，到處都是學習的機會，但已經失去興趣和動機的孩子，卻很難在學習上取得良好成績。

家長們往往認為，懂得多的孩子就是會讀書的孩子，但這個等式並非每次都成立。

懂得多，就只是代表他們腦中的知識量比較多。那麼會讀書的孩子是怎麼樣的？就是指成績好的孩子。如果想讓成績變好，就必須要理解知識，並以結構化的方式記住知識點，而且還要能夠歸納成出題者想要的正確解答。也就是說，孩子們必須要在擁有知識的同時，理解考試的題目。

乍看之下好像並不難，但很多孩子沒辦法把這兩個過程連結在一起，他們沒辦法把知識結構化，並且以正確答案的型態表現出來。他們雖然大量學習，卻沒什麼活動能夠讓他們證明自己所了解的東西。

會讀書代表他們懂得很多，而且能夠證明自己懂什麼，因為他們自己歸納出來的答案，總必須要符合出題者想要的答案才行。如果想要做到如此，就必須要**懂得傾聽對方**（需要取得答案的人）。為了教育孩子這件事情，我偶爾會出一些雖然很容易答對，但如果想要獲得肯定，就必須要完整聽完整個問題的題目。

「牠是昆蟲，有黃色、白色的漂亮翅膀。身體細長，還有觸角，大多都是在白天和蜂蜜一起飛到花朵上。正確解答是兩個字，這兩個字都沒有收尾音[2]。請把正確答案寫在國語課本第十三頁最右上方的角落。」

孩子們都知道正確答案是「蝴蝶」（出題前的幾分鐘，他們剛學完有關蝴蝶的事物）。也許是因為這樣吧，所有人的表情都充滿著自信，然而影響答題的關鍵在於心急。孩子們因為急著想先寫下正確解答——「蝴蝶」，所以很難聽到我說要把答案「寫在國語課本第十三頁最右上方的角落」。我們班十五個孩子裡面，寫對答案的孩子只有三個人。

天啊！這麼簡單的事都做不到？集中精神傾聽原來這麼難。寫錯的孩子們也許是因為覺得委屈，一直要我再出其他題目。

「老師是男生還是女生？請把正確解答寫在國語課本第一百一十頁圖片中的楓樹下方。」

2 編註：韓文的一種發音方法。

這個問題，所有的小朋友也都知道答案。但是當他們意識到自己已經知道答案的時候，他們習慣性地就不太繼續傾聽接下來的問題內容。

結果，聰明（會讀書）的孩子，是那些會把問題聽到最後，或看到最後的孩子。每當我解完一道題的時候，我就會跟孩子們說：

「懂得多不是聰明，堅持聽到最後才聰明。」

類似的問題問越多次，靠近正確解答的孩子就越來越多。舉例來說，「把正確解答寫在國語課本第一百一十一頁最右下方角落的三個數字『111』的最後一個數字上方」，後來，他們就連這樣的問題也能毫無失誤地答對。

這種練習活動對於平時很粗線條的孩子非常管用。小孩通常只會覺得自己懂得很多，但不會認為自己冒冒失失，因為他們從來就沒有體會過什麼叫細心謹慎，所以也不知道自己粗枝大葉。但是如果持續答錯這些問題，他們就會開始認為，自己也許是一個不細心的人。

當孩子意識到這件事情，變化就開始了。在孩子了解自己的過程中，會形成自我認同，追根究柢，這項練習活動就是為了建立自我認同。

原本不斷犯錯的孩子，透過幾次問題，累積經驗後，開始會把問題聽完並沉著地寫下答案。他們對於題目的態度不僅變好，自信心也有所提升。

當他們更進一步努力養成字跡整齊乾淨，以端正的姿勢讀書的習慣，就會逐漸成為懂得多而且也懂得怎麼考試的孩子。

等到他們某種程度上，已經適應了用口語出的考題後，就可以開始轉移成用文字出題了。

我讓他們閱讀一篇有孩子、媽媽、爸爸、爺爺登場的故事，要他們找出文章中年紀最大的人（爺爺），並完整圈選出這個單字。孩子若想正確回答這個問題，不僅要仔細閱讀題目，還要準確用圓圈標記出（提升作業的落實能力）。如果作答時「爺爺」這個字，有一個字落在圈圈以外，或是只用鉛筆在上面畫了歪歪斜斜的線，都不能被視為是正解。

我的要求越是嚴苛，孩子們就越是仔細。每當孩子失誤的時候，我都會跟他們說同一句話：

「懂得多不是聰明，堅持聽到最後才聰明。」

隨著我說出口的次數越來越多，開始有些孩子會跟著我講這句話，他們也認為應該要好好傾聽。

只要用這種方式出十道題左右，日後幾乎所有孩子都可以答對。雖然這只是一個三十幾分鐘的練習活動，以一年級孩子的特性來說，不久之後他們又會打回原形，但是偶爾有這樣的經驗，可以幫助他們提升注意力。

當然，並非所有的孩子都能夠如願跟上，也有孩子會因為沒辦法答對而生氣，甚至哭泣。他說自己讀很多書，在學校外面也學了很多東西（甚至解題的速度還比其他人快），但是卻沒辦法得到肯定，覺得很傷心，還怪我應該出題就好，為什麼還要求他們寫在「國語課本第十三頁最右上方的角落」。

每當這種時候，我都會給他們相同的答覆：「如果想要寫出正確答案、獲得肯定，就必須要遵循老師（出題者）制定的規則。如果不想遵守規則，就必須承擔答錯的結果。」

我甚至還收過家長傳來的簡訊，告訴我他的孩子到目前為止，在學習的路途上都很愉快，但那一天答錯問題讓他很傷心，問我出題的方式是不是太過嚴苛，他擔心孩子會因為失落而不學習。

家長確實有可能這麼想。但是這個時期的孩子，思維方式還非常有彈性，錯個幾題之後，大家就會開始遵守出題者的規定了。所以說，孩子的行為是可以被改變的（不堅持用自己的方式，去迎合他人制定的規則）。低年級是最適合運用這種方式練習專注力的時期，當孩子的大腦發育到某個程度（三年級產生自我意識之後），按照教師的方式所進行的引導式課程，效果將會下降（當孩子丟鉛筆說『我不幹了！』就結束了）。

孩子越大，就會面臨越來越多的考試。所有的題目，當然都要求孩子要有堅持聽到最後、讀到最後的能力。除此之外，**想在這個社會上生存，我們也必須要擁有能夠把對方的話聽完的態度**。

✽

不把（不是不能）對方話聽完的孩子，究竟是怎麼被教育出來的呢？

這是孩子小時候，在家庭裡被教育出來的。不會注意聽家長在講什麼的孩子，到了學校會把題目聽完嗎？不可能的。孩子們必須累積經驗，聽完熟悉的人在講什麼，才能夠好好去傾聽其他人所說的話。觀察孩子成長過程中與主要養育者的溝通方式，就能夠推測出孩子傾聽與說話的能力。

當主要養育者不是以拓展孩童思考方式的句子與孩子對話，而是以簡答式、命令式等短句，也就是主要以催促或命令的方式來與孩子對話，會發生什麼事呢？聽到這些句子，首先，孩子就會變得心急，因為不快點做完自己就會挨罵，也有可能被禁止玩耍，或是被拿來和其他兄弟姊妹比較，然後傷透了心。對孩子來說，這些都是懲罰，因此他們會變得心急，沒有空檔去仔細傾聽。他們習慣大概聽一下前面在講什麼，就趕快行動，因為這樣才不會被罵。

在這種環境下長大的孩子，沒辦法成為一位有餘裕聽完他人發言的孩子，而這也是低年級的學業成績和智商無關的原因。

在這種環境下度過幼年時期的孩子，入學後會怎麼樣呢？他們因為擔心不知道什麼時候會受到老師的指責，所以很焦慮，一直想要快點行動、不要被罵，結果反而成為性急的孩子。這樣的孩子非常顯眼。

重要的是，要在學期一開始就辨認出這類型的孩子，先讓他們感到安心，相信學習可以慢慢來沒關係，不管發生什麼事，老師都不會責備他。

當孩子相信自己就算慢慢來也不會被罵，他就會擺脫時間壓力，擁有餘裕可以充分地思考。在情緒或行為上沒有特殊狀況的孩子，只要花幾週的時間就會有所好轉，看到孩子們的變化比想像中更快速，就連家長也會大吃一驚。孩子可以變化如此快速，意味著孩子們會自行等待沉著和穩定的氛圍發生。

除了孩子以外，我還想再跟各位家長說一次。

「懂得多不是聰明，堅持聽到最後才聰明。」想要教育出一個善於傾聽的孩子，身為養育者的家長，也必須要**傾聽孩子的聲音並耐心等待**。

貧窮，會為孩子帶來什麼？

公州校外教學。

孩子們登上充滿百濟氛圍的公山城，他們的人生裡都綻放著不同種類的花朵。有的孩子是在肥沃的環境下，成長茁壯的玫瑰花；有的孩子則是在荒蕪之地，勉強扎根的葶藶[3]。玫瑰和葶藶都是珍貴且美麗的花朵，但孩子們也都知道，在販售著玫瑰的市場上，葶藶是無法銷售出去的。

雖然孩子們平時看起來都差不多，但去校外教學的時候，一眼就可以看出孩子家中的經濟條件，以及他們平時接受的金錢教育模式。

家境富裕、沒有金錢觀念的孩子們，打從零用錢的數目就跟別人不一樣。

3 編註：又名「山芥菜」，多年生草本植物，其植株矮小常混雜在其他植物當中，若不開花很難被發現。

有些孩子消費的金額，甚至比校外教學的費用還多。雖然出來旅行之前，我有告訴家長零用錢不要給太多，但通常並沒有什麼效果。家長的態度也是，反正是他們給孩子零用錢，所以希望老師不要太在意。甚至還有孩子帶了幾十萬韓圓在身上。如果建議他們「這筆錢是爸爸媽媽給你們的，這次旅行不要花太多，省下來日後買文具吧」，他們的臉色就會變得不太好看，還反過來安慰我說：「反正爸媽之後還會給我錢買文具，請不要擔心。」甚至有孩子追問我，這筆錢是他自己的，又不是老師給的，為什麼要干涉他。

就算爭贏了，這些孩子也不會聽我的話。在環境複雜的風景區，老師也知道自己無法一一控制孩子們的消費。該看的遺跡馬馬虎虎帶過，反而花了更多時間停留在附近的攤販和紀念品店裡。因為孩子們買東西的時候不會想太多，所以甚至會同一樣東西重複買好幾遍。一般的孩子會去退款，但富裕的孩子們會把多出來的直接送給朋友。

老師不在的時候，他們偷偷買冰淇淋或餅乾吃，結果因為肚子痛導致行程延宕；不然就是把學校提供的飯菜剩下來，偷偷溜出去宿舍，在便利商店買杯麵吃。還有些孩子因為突然帶一大筆錢在身上，結果弄丟了，問他在哪裡弄丟的、弄丟了多少錢，他也不知道，因為打從一開始，他就沒算過自己身上有多少錢。

大部分的孩子都談論自己在景點看到什麼、感受到什麼；富裕的孩子們卻是在討論自己買了什麼、吃了什麼、要怎麼在老師不知情的情況下溜出宿舍。對這樣的孩子來說，「校外教學」究竟意味著什麼呢？

也有些孩子只帶了一點點零用錢，甚至有些孩子完全沒帶錢在身上。有些是出自於父母金錢教育上的考量，有些是孩子自己下定決心不要花錢。

也許是因為身上沒錢，一開始這些孩子都會很羨慕花錢如流水的孩子，他們會跟著這些孩子，蹭點東西吃。有時候還會埋怨爸媽零用錢給太少，或者抱怨自己的家世背景。但是他們很快就會發現，花錢大手大腳的孩子們的消費型態，跟自己過去所學到的不同，他們會漸漸開始感到有些過分和排斥，最後自然而然地跟花錢大手大腳的孩子保持距離。

這類型的小朋友，連買一樣小東西都會審慎考慮。他們知道，不要一開始就在地攤消費，等一會之後，可以買到比較低廉的價格；他們也從中學習到，好幾個朋友一起買好幾樣東西，就可以向店家殺價。我甚至還聽過孩子像個小大人似地說出「是不是因為這裡是旅遊景點，所以價格比社區超市更貴，但品質卻更差」這種話。他們從中理解了邊際效益的意義。

雖然為數不多，但還是有部分因為家裡貧窮、沒帶零用錢，導致自尊感低落的孩子。這些孩子喜歡待在花錢大手大腳的孩子身邊，用羨慕的眼神仰望著他們，因為只要跟著他們，偶爾就有機會可以蹭點東西吃。這兩種類型的孩子處在一起時，乍看好像關係很好，但一旦仔細觀察，就會發現這是一段**由金錢串聯起來的關係**——只要富裕的孩子叫他們去買點什麼，跑腿的孩子就會立刻跑去買回來，然後討一點來吃。有些有錢的孩子，還會要求判斷力不足的朋友，幫他買東西回來，利用對方。偶爾甚至發生勒索事件，演變成校園暴力。

富裕的父母讓孩子花錢無限上綱的情況，老師並沒有方法可以阻止。金錢教育得當的孩子，雖然不需要擔心，但是看著那些想要寄生在有錢孩子身上的貧窮孩子，我的內心便會感到不適。也許是我從纏繞在有錢孩子身上的葶藶裡，看到了熟悉的影子吧！

✽

很久以前，那時候的我是六年級的導師。在受理校外教學申請的時候有一個孩子不願意參加，他說他不喜歡搭巴士，也不想跟媽媽分開睡。我並沒有馬上聽信他的說法，因為六年級的孩子在說出這些話的時候，大多數都是因為家境不好。我拐彎抹角問了問，果不其然。

大家都要去旅行，想到這個孩子要一個人被留下，我心裡感到難受。於是我瞞著他，替他繳交了校外教學的費用。在這種情況下，普通的孩子應該就會這樣被唬弄過去了，但是這個孩子卻仔仔細細地問了我，是誰、為什麼要幫他繳校外旅行的費用。我一開始編造了個說法，但由於不能一直說謊，最後我還是告訴他，是我幫他付了錢。

後來這孩子若無其事地去了校外教學，但是他在校外教學的心得上寫了一段話：

「我以後想要賺很多錢。賺錢之後，我就可以用我的錢去旅行了。」

他的反應出乎我的意料之外。我以為他會感謝我的一片心意，然後下定決心以後也要幫助其他人，以此作為對我的回報，但結果並非如此。他不僅自責自己負擔不起這趟旅行的費用，還為此非常憤怒。我不能跟孩子計較這些，但是我的好意反而讓他感覺自己被污辱，我非常抱歉。

我本以為這只是區區幾萬韓圓的小心意，但當時的我並不知道，接受這件事的孩子，心裡面有更為複雜的想法。自那之後，我在幫助這個孩子的時候，都會盡可能尋找不著痕跡的方法。

那個孩子家裡沒有人可以為他煮飯，他說他在家裡都只吃飯沒有配菜。當時那間學校沒有學生餐廳，每次午休都要把飯和配菜搬到教室，所以經常有剩下的配菜。我常偷偷把午餐剩下的配菜中，比較不容易變質的海苔或燉花生打包給他（其實這在韓國是違法的行為，為了防止食物中毒等意外發生，學校的營養午餐是絕對不可以打包的）。

有一次，炒鯷魚剩了下來，我裝進一次性塑膠袋綁好之後，放進黑色塑膠袋裡，偷偷放進了孩子的包包。

「回家之後用剪刀剪開，馬上吃。」

孩子神情不悅，我以為那是不好意思的表情。

然而過了一會兒，我發現孩子把那包配菜拿了出來，我懷疑他是不是要拿去垃圾桶丟掉。他不懂事就算了，我可是因為他們沒有配菜吃，每次都只能吃白飯，才特別為他們準備配菜的，他竟然要拿去丟？我生氣了，單獨把孩子叫了過來。

「那又不是別人吃過的東西，為什麼要把老師為你盛好、乾乾淨淨的配菜拿去丟？你不喜歡的話，可以給弟弟吃啊！」

話一說完，孩子馬上淚流滿面地說：「弟弟也不喜歡吃炒鯷魚。為什麼老師都要自作主張？為什麼都不問我意見……。」

聽他一說，我這才醒了過來。沒錯，每個人都有喜歡和討厭的東西，我卻以為只要無條件給予就可以了，明明這一切都只是我自己單方面的決定。

我是不是覺得就算他不喜歡，但因為這是我特別給予他的照顧，所以他就應該要感激不盡地照單全收呢？我是不是想要透過幫助貧窮的孩子，來滿足我在道德上的優越感呢？是不是因為孩子把配菜丟了，讓我的優越感受挫，所以我才會勃然大怒呢？真抱歉，是我丟臉了。

自從那次之後，我都會先問他喜歡什麼配菜，然後才幫他打包，而且我不再用塑膠袋，而是用塑膠保鮮盒幫他們打包，然後還會偷偷告訴他：「這道菜跟弟弟一起吃的話，應該會很好吃吧？老師也要帶一點回家。」

✽

講到校外教學，我想起了一件幾年前發生的事。校外教學在即的當時，我正閱讀著學生們寫的日記。日記本上大多充滿了孩子們對外出旅行的激動，但其中有一本日記的不同引起了我的注意。

今天早上，媽媽叫弟弟這個月不要去上跆拳道的課。

「你才一年級而已，跆拳道的課先暫停幾個月，等冬天再開始學吧！你先在家裡和哥哥一起玩。」

弟弟開始大哭，大喊：「不要，跆拳道很好玩！」

我也覺得打跆拳道比在家裡好玩多了，但是我沒有跟弟弟說。

不過我沒有吃營養午餐甜點發的養樂多和草莓，而是把它們給了弟弟。

那篇日記的內容是，假如媽媽幫他付了校外教學的費用，就沒辦法再負擔弟弟的補習費。也許有人會想，現在這個年頭，難道還有孩子得要把一個月才幾萬韓圓的補習費用來換成哥哥校外教學的費用嗎？但其實，即便在這個豐饒的時代，也有很多孩子連吃頓飯都有問題。當著孩子們的老師，領著薪水的我，雖然不需要擔心自己孩子校外教學的費用，但每當這種時候，我就會覺得抬不起頭。

幾天前，這個孩子還跟我說了一段話。

「老師，我不去校外教學了。」

「你不去校外教學？」

「因為我奶奶生日。」

「原來如此，奶奶的生日當然比校外教學重要。我知道了。」

「對啊，所以我『真的』不想去。」

我雖然感覺「真的」這兩個字背後好像有什麼隱情，感覺他的內心有些糾結，但卻沒有想太多。我甚至還稱讚他：「你為了奶奶自願放棄去校外教學，真份心意真難能可貴，如果全世界的孫子都和你一樣，那麼全天下的奶奶應該都很幸福吧！」然而那番話，其實是他為沒有錢而編造出來的故事。要用這樣的藉口向我推託，這孩子的心情該有多難受啊！

現在義務教育已經有如基本權利之代名詞，家喻戶曉，但是要送孩子上學就必須花錢。不管是送孩子去上學，還是去校外教學，都不是免費的。如果這個孩子想要去三天兩夜的校外教學，要花多少錢呢？觀光巴士的費用、住宿費、入場費、零用錢，至少要有十萬韓圓吧。

有人認為，家境清寒的家庭這麼多，乾脆取消校外教學不是比較好嗎？也有人認為，家境清寒的人沒有條件一起去家族旅行，但至少學校可以帶他們去旅行——不論是哪一種主張，都令人感到難過。

有些人甚至責備窮孩子的父母，自己明明沒有能力扶養小孩，為什麼要盲目生下孩子，被這種父母生下的孩子究竟犯了什麼罪。但真的生過孩子，才會知道這個過程是不能用金錢來衡量的。說出這些話的人，真的都是這麼想的嗎？不是，他們養過孩子嗎？在一個可以肆無忌憚說出這種話的社會底下，扶養著孩子的窮父母，至今依然只能默默流淚。

看著必須拿弟弟的補習費參加校外教學的這個孩子，我想起了之前幫忙學生出校外教學費用的事情。如果這次，我又因為心疼而幫他出錢，也許又會再度傷害孩子的自尊心，所以我決定打一通電話給孩子的家長。

身為媽媽卻要叫孩子不要去校外教學，她的心該有多疼啊！雖然我打這通電話，可能會讓父母的心更痛，但由於有時候孩子可能會拿了旅費，卻花在其他地方，所以我還是得做確認。

打完電話之後，果然就像他所說的，他的家境似乎有些困難。該怎麼辦才好呢？我又更煩惱了。

幾天過後，一件意料之外的事情發生了。校外教學的住宿業者聯絡我，要我推薦幾個家境有困難的孩子，他們可以免費提供住宿。我抱著愉悅的心情，又再度打了電話給孩子的母親，我告訴她，我們應該可以拿到部分的補助，能讓孩子參加校外旅行嗎？我本來想的是「如果剩下的費用實在不行，我可以……」然而隔天早上，這位孩子帶著激動的表情來到了學校。

「老師，我可以去校外教學了，『真的』！」

「真的嗎？」

「我本來不是說，因為奶奶生日不能去嗎？」

「對啊，但是？」

「但是，今天媽媽說她會匯款過來。我本來不能去，但是媽媽去找了爺爺，爺爺給我錢了。」

「是這樣啊？」

「但是這筆錢我必須要還，等我長大之後。」

「真的嗎？」

「所以如果要還錢的話，我就得當上足球選手。」

其他在旁邊的小朋友插話進來說：「足球選手又不是誰都能當。」

「總之，不管做什麼都要成功，如果想還錢就得成功。」

其他孩子說：「那你開餐廳吧！我舅舅家的餐廳爆紅之後，一個月可以賺超過兩千萬韓圓。」

「真的嗎？那我得當上廚師才行。老師，我要當廚師！」

出發去校外教學的那天，他比平常還早到學校，背包裡裝著滿滿的餅乾。

一會兒之後，他嘴裡塞滿了會慢慢融化的餅乾，身體靠在會發出聲響的公車座椅上，他肯定嚐到了滿滿的甜蜜滋味了吧！

孩子在校外教學的時候，看起來一直都很開心。他才十二歲，我真不敢相信他是一個在連續幾天內，便已接連經歷挫折與希望的孩子。今後，這個孩子還會因為貧窮經歷許多事情，究竟這些事會成為他成長的養分，還是毒藥呢？

孩子站在紀念品店裡苦惱了許久，最後買了一個價值兩千韓圓的不求人給媽媽當禮物，又買了一個一千韓圓的塑膠佩飾作為弟弟的禮物。

在此之前，我從來沒有聽他談論過有關未來的希望，不管是對讀書，還是對朋友，他都是一個沒有熱情的孩子。那個看起來毫無活力和慾望的孩子，竟然因為校外教學的費用，而思考了自己的未來。對於某些人來說微不足道的幾分錢，有時卻可以改變一個孩子的自我認同。

校園裡，難以平衡的壓力

之一、五年級的午休時間

孩子們在學生餐廳裡排著隊，等著打飯——雜穀飯、洋菇什錦、糖醋魚、泡菜醃蘿蔔、明太魚湯、蘋果。先打好飯的孩子，依序坐下開始享用。我也打好了飯菜，此時有個孩子朝我走來。

「老師，其他人都拿到三顆蘋果，只有我拿到兩顆，這是差別待遇嗎？」

「真的嗎？那你應該再去多拿一顆。」

他拿起餐盤，想走去打菜台，但其他班級的人已經在打飯了。他決定先吃飯，等等再去多拿一顆蘋果。

過了一會，他確定打菜台都沒有人之後，拿著餐盤打算去領蘋果。然而他沒有領到，反倒空手而歸。

「學餐的老師說不能給我。」

「為什麼？」

「他說如果我們想多吃他就給，這樣六年級的姊姊們會不夠吃。」

「原來如此。」

「那該怎麼辦？我只有拿到兩顆蘋果，這樣不公平。」

接著，其他同學也開始說自己只拿到兩顆。然而仔細了解之後，發現只拿兩顆的孩子，蘋果的尺寸比拿到三顆的更大。負責打飯的人應該是依照大小計算過，所以分別給孩子們兩顆和三顆，但是他們好像非常在意蘋果的數量。

「這很明顯就是差別待遇吧，老師？」

我告訴孩子們，負責打飯的人是考慮過大小和顆數才這麼分配的，要大家不要覺得委屈，好好享用。剛剛那位孩子雖然回到座位上坐下了，但表情依然充滿不悅。他一副要吃不吃的樣子，接著拿起還剩下很多的餐盤站了起來。旁邊的孩子們見狀，便問他蘋果不吃的話可不可以給他們。但他沒有理會他們，而是直接把剩餘的食物倒進廚餘桶裡，離開了學生餐廳。

之二、英語課

快要下課的時候，有一個孩子問我，為什麼今天沒有發英語練習卷，我回答他，今天沒有練習卷。

沒想到他立刻說道：「您上次說這次會發練習卷。」

「是嗎？嗯……但今天確實沒有練習卷。」

「但是您上次明明就有說過會發。」

「我可能跟其他課搞混了。對不起，今天沒有練習卷。」

「但是您上次真的有說啊……。（看著旁邊的同學）欸，你也有聽到上次老師有說他今天會發練習卷吧？」

旁邊的同學說，他也不清楚，這位同學一臉難以接受的表情。

之三、下課時間

六、七位孩子打算一起玩狼人殺，正要開始猜拳選主持人的時候，其中一位孩子開口說：「等一下，先不要猜拳，今天輪到我當主持人了。」

其他幾位孩子，開始追究他在說什麼。

只見他一臉正經地說：「上次秀敏明明就有跟我說，下次玩的時候要讓我當主持人。」

「但是今天秀敏不在啊，而且我也沒有參加上次的遊戲。遊戲規則怎麼可以隨你決定？今天本來就應該猜拳才對。」

「不行，就說這一次輪到我當主持人了。不然我先當一場，下一場再猜拳決定。」

「哪有這樣的？你下次跟秀敏玩的時候再當主持人啊，現在我們是跟其他人玩，所以我們來猜拳吧！」

「那我要什麼時候才能當主持人？」

「你在說什麼？誰規定你一定要當主持人了？這樣不是我們吃虧嗎？」

其他孩子也加入聲援。

「對啊，你跟秀敏說好的約定，為什麼要我們來遵守？跟我們玩的時候，本來規則就是另外的。」

「可是秀敏上次真的說過這次我可以當主持人。」

其他孩子們不聽他說話，一群人開始猜拳，他漲紅著臉跑了出去。

之四、放學時間

同學們放學回家之後，教室裡有三、四名孩子正在放著BTS的音樂練舞。有一位孩子在一旁直愣愣地看著，看他的表情，應該是很想馬上加入他們吧！他在猶豫什麼呢？我裝作不知道，走到他旁邊試著跟他搭話。

「哇，BTS的歌真好聽，你也喜歡BTS嗎？」

「當然啊，現在沒有人不喜歡防彈吧？」

「那你怎麼不加入他們？」

「我不要。太沉迷這種事的話，會讀不好書。」

「所以你是為了學習才忍耐的嗎？」

「如果考不上大學的話，以後要怎麼生存。連錢都賺不到……以後就只能活得像個乞丐。」

「哦，原來是這樣啊！」

「只有抓得到的才能成為我的夢想，如果不努力的話，就會變成白日夢。」

「這句話說得真好，你是怎麼知道這句話的？」

「我爸媽說的。」

「那你想抓住的夢想是什麼？」

「沒有。但是現在……我得先卯足全力做好準備。」

✽

珉河很細心，她遵守規定、行為端正，作業從來不遲交，不但學習態度良好，成績也很好，從各方面來說都是模範生，因為她總是照著規矩走。但是她絲毫不知變通。變通是孩子們關係之間的潤滑劑，由於她不懂得變通，導致她與其他孩子的關係很僵。這樣的結果是——珉河沒有朋友。準確來說，其他人都躲著她。

她的個性雖然細心，但是經常對每件事追根究柢，以致於無法獲得他人好感。比起去了解朋友的想法，她更想先解決自己的納悶，這也導致她經常和其他人吵架。所以她總是先不高興，接著惱怒，最後開始憂鬱。她認為自己事事都竭盡全力，理當是班上的主角，但是那些水準比不上自己（書讀不好，生活行為也不端正）的同學，竟然一副自己才是主角的樣子，甚至還孤立她。她認為自己不需要跟那種同學們打交道，所以已經轉過一次學了。

這種孩子，會不斷找老師，說一些妒嫉朋友的話。珉河的主要理論是「公平」與「正義」，問題在於其標準過於個人化。當她感覺比起其他人，事情對她本身稍有不利，在詢問原因之前，她就會先生氣。她經常這樣，由此可以推測，她這個行為已經反覆存在好一陣子了。

高年級的孩子們非常討厭這類型的孩子，甚至已經超出了討厭的程度，可以說是「極度厭惡」。面對會瞧不起人又自我膨脹的孩子，他們還沒有這種大愛可以去接受其行為背後的原因。他們把這種類型的孩子當作「四處惹人厭」、「只是稍微會讀點書」的小朋友。

在這種狀態下，來自於同儕的壓力日益增加，很多時候過度在意這些壓力，會使這類型的孩子忽略了學習，成績也從優秀下滑到普通。自然而然，珉河就成為自己口中經常說的那些「不過就這點水準的孩子」。

這類的孩子，沒辦法面對被同學討厭，成績也不如理想的自己。由於獨處的時間變多了，孩子也會變得憂鬱。這就是不培養孩子社交能力，只讓孩子讀書，到了青春期的時候，孩子會呈現出來的典型狀態。

我們該如何教育這類型的孩子呢？

從小家庭教育不會告訴孩子，當你處於相較他人更不利的情況下時應該要生氣。但是當孩子表現得比較好，他們會受到過度的稱讚；當他們比不上其他人時，就會受到指責，這些經驗都會積累起來。反覆的責備雖然有效，可以讓孩子的行為迅速出現改變，但卻會降低孩子的社交能力，原因是他們會過度糾結在和其他孩子做比較。

老師不可以過度偏袒這類型的孩子——孩子總以為自己的行為是對的，所以老師才會支持自己。過度偏袒反而會加強孩子自身的認知，使他強迫朋友或弟妹接受自己的想法。除此之外，當對方不按照自己的意思行動，他就會生氣（更正確地來說是，對於無法被對方理解的自己感到生氣），假如對方的成績不好，他還會瞧不起對方。

反之，老師過度給孩子施壓，或是逼迫他，也很危險。孩子原本就已經感覺自己被其他同學孤立了，假如他認為連老師都討厭自己，很可能因此受創。

✽

某天下課後，孩子們都趕忙收拾書包離開教室了。珉河卻在一旁等到其他孩子們都回家了，才向我走來。

「老師，我有問題想問您。我跟我們班的允智，誰的英文更好？」

「嗯……老師覺得妳們都很厲害。」

「不是，我要的答案不是這個，我是想問我們兩個之間誰排名更高。」

「嗯……好像差不多耶？妳們兩個沒有單獨考過試，我怎麼知道誰的排名更高呢？」

「上次補習班有考拼寫，我考贏她了。」

「哇，妳真棒。那妳感覺怎麼樣？」

「當然感覺很好。所以我的英文應該比允智更好吧？」

「嗯……是嗎？那我要問過補習班才知道呢，因為妳們的考試是在補習班考的。」

「那我們明天也來考英文單字啊，明天考，知道嗎？」

隔天英文課下課之前，我出了幾題拼寫。孩子們各自把答案寫下來，然後我把答案寫在黑板上，讓他們替自己打分數。二十七個人裡面，總共有十五個人拿到了滿分。

一下課，珉河就跑來追問我：「老師！您怎麼可以出那麼簡單的問題！」

「不簡單啊？都是這個單元裡我們學到的單字。」

「但是允智跟我都拿了一百分。」

「是嗎？妳們兩個都很棒。」

「不要考在學校學到的單字，要考難一點的，就像我在補習班考的那種。」

「嗯……這樣老師會很為難耶？這對沒有去補習的同學來說不公平。」

「那其他人就不要考，讓我跟允智單獨考就好了，我們兩個在同一個補習班上課。」

「是嗎？那妳們兩個自己考吧！」

「允智肯定會拒絕我，因為她怕考輸我會很丟臉。」

「可是老師不能代替允智做決定啊？要不要和妳較勁英語實力，應該由允智自己決定。」

讀書並不是學習真正的目的，若把讀書當成是贏過朋友的工具，這樣的孩子能堅持學習到最後嗎？說來可惜，不過這類型的孩子一旦從小學畢業，就會失去讀書的動力，因為讀書從來就不能只靠好勝心支撐。

我看過很多像珉河一樣，把目的和工具混為一談，結果對讀書失去興趣、感到挫折，開始偏離軌道的案例。現階段不管怎麼樣，我們都必須先平息孩子心中那波濤洶湧的憤怒。

「我很好奇，為什麼妳一定要跟允智比較呢？」

「因為允智老是在大家面前裝作一副很厲害的樣子，但她明明就沒什麼了不起的。」

「在老師看來，妳們兩個都很優秀。妳很會讀書，允智有很多朋友，這種事不是人人都能辦得到。」

「可是大家都只跟允智一起玩，明明我也很會讀書啊。」

「對啊，妳書讀得很好。但是一年級到六年級的班，老師都有帶過……比起會讀書的人，大家更喜歡的是親切的人。」

「會讀書很好啊。我可以教他們分數通分，還可以幫他們看『調查高麗青瓷……』的作業。」

「是嗎？妳真棒。這樣妳的朋友一定也會變多的，老師向妳保證。」

「但是大家比起我，還是更想跟允智一起玩啊！」

「其他人不久之後也會被妳的親切給感動的。快的話，幾天之內就會發生了，妳等著看，老師說的絕對不會錯。」

「但是我不希望大家都來跟我玩。」

「為什麼？」

「如果大家都來跟我玩，我就沒時間讀書了。」

「原來如此。那要怎麼做，妳才會覺得最幸福呢？」

「嗯……我希望他們偶爾跟我一起玩，我要讀書的時候他們再去跟允智一起玩。」

「啊，原來如此。妳馬上就會有朋友了，就到那時候再說吧，一定會很順利的。」

「但是……其實我也想多玩一會，不過我還是得要讀書……。」

「那是不是要做一張計劃表，把讀書的時間和玩耍的時間區分開來？」

「好，大家禮拜五要去市區玩，但是那天我要去讀書會……我還是想要跟媽媽講講看……。」

社交能力不足，大部分源自於與人相處時間的不足。因為孩子沒有被賦予足夠的時間和其他人交流，所以不熟悉要怎麼和他人相處。我們必須要讓孩子有足夠的經驗，去了解說什麼話、做什麼事會討朋友喜歡，或是被朋友討厭。

特別是四～六歲階段，講話開始變得流利，人際關係範圍開始擴大的時候，孩子需要跟大量的朋友一起相處，因為這段時間，孩子的社交能力會快速成長。

這個時期的孩子，會開始學會如何判斷氛圍，練習怎麼觀察對方的表情，從中了解對方的心情，所以最好可以讓他們跟個性不同的同齡人一起玩耍。

但是相比過去，現在孩子們要一起相處的機會越來越少了，因為他們必須讀書。

孩子讀書的質與量不是由孩子的意見所決定，而是依照家長的認知來決斷。如果是打從一開始就沒有讀書天分的孩子，反而還能擺脫學習，獲得自由，但是像珉河這樣學習良好的孩子，家長就更難放手了。

即便有時候覺得孩子是不是太辛苦了、覺得孩子非讀書不可的處境很可憐，但因為一旦要求了孩子就會照做，所以終究持續地要求著他。孩子還處在前途未卜的小學時期時，大部分家長的心態都是這樣子的。

這些孩子雖然覺得讀書很辛苦、令人厭倦，但還是會覺得自己非讀不可，他們會認為自己的人生裡，沒有任何其他價值可以凌駕於讀書之上。他們會執著於家長告訴他們的話：「就算現階段沒有朋友，只要會讀書，以後想交多少朋友就有多少。」但是這裡的「以後」好像是指考上大學之後，由於這個未來太過遙遠，孩子們常因此感到迷茫。就算偶爾雖然也想放下學習，盡情玩樂，但是想到家長會失望，也只能打消這個念頭。

他們壓抑自己，繼續上學，有的時候也會因此備感壓力。這種時候，孩子會因為一顆蘋果而傷心，也會因為遊戲感到不順心，或是因為無法得到朋友們的肯定而對自己生氣。所以珉河糾結在「公平」與「正義」這種看不見的價值上，用盡辦法想突顯自己的存在感，也很執著於與朋友之間的競爭上，最後她對這樣的自己感到憤怒。雖然看起來她好像一意孤行，但其實最孤單又最辛苦的是她自己。

「其實，只拿到兩顆蘋果不是問題，妳會生氣是因為讀書的壓力嗎？」

「好像是吧，我看到蘋果就覺得很委屈……。」

「老師擔心其他人會以為妳心胸不夠寬大？」

「沒關係啦，反正他們也都跟我不太熟。」

「還是老師來幫妳表達妳的心聲呢？」

「……那……可以幫我告訴大家，我不是心胸狹隘的人嗎？我雖然因為讀書而壓力大……不對，不要提到讀書的壓力好了。」

「為什麼？」

「我怕大家覺得反感……覺得我自以為是。」

不管是在讀書、戀愛，還是在職場上生存，只要遇到自己難以承受的壓力，任誰都會說錯話或做錯事。我想告訴珉河，其實大人們也一樣，人本來就是這樣。**人類本來就生而脆弱，不只有妳，其他人也一樣。**但她能了解我在說什麼嗎？

再費心操控，子女也不會按你劇本長大

那是三十年前的事了。

三月初旬，在六年級的教室。新學期剛開始，我正為了熟記孩子們的臉龐而忙得不可開交。然而班上某位孩子的家長，突然在沒有事前打過招呼的情況下，就前來面談。

面對這突如其來的面談，我因為不知道該說什麼而感到尷尬，但對方卻好像已經計劃好了一樣，搶先開口說道：「音樂課的時候，請老師讓我們家英珠當伴奏吧！我這麼早就來叨擾您，就是為了拜託您這件事。」

我有些不知所措，但還是回答：「好的，我知道了。但如果有其他小朋友也想當伴奏，輪流應該也沒關係吧？」

「老師……雖然會讓您有些為難，但可以麻煩只讓我們家英珠當伴奏嗎？

我就是為此才這麼早來叨擾您的不是嗎？去年的班導也答應我這麼做了。」

英珠媽媽打開包包，拿出了一本資料夾，裡面依序放了英珠在各式比賽上獲得的獎狀。她逐一指著獎狀講解那些是在哪裡舉辦的比賽；她為了帶英珠去比賽，凌晨幾點起床，換成了幾次公車……她越講越多，難以打斷。裡面有很多張第一名的獎狀，看起來英珠是一個能力很好的孩子。

英珠媽媽拜託我，不要告訴英珠她有來找老師面談。看來是英珠媽媽很擔心進入青春期的孩子，稍有不慎就會討厭媽媽。整個面談過程中，英珠媽媽的表情都非常求好心切。

很少家長會在和班導師第一次見面的場合，提出這樣子的要求。我想若不是萬不得已，家長應該不會這麼做，我認為我應該按照英珠媽媽的要求，幫助這個孩子。

有學過一點鋼琴的小朋友，都會想在音樂課上幫忙伴奏。甚至有家長會為了讓孩子能夠在學校擔任伴奏，刻意教小朋友彈鋼琴。輪到自己伴奏的時候，孩子們會比平常更認真練習鋼琴。其實六年級音樂課本上的歌曲，比起一般歌曲更容易伴奏，沒有必要特意練習，但是負責伴奏的孩子們卻都反而像大型演奏會在即一般，對此非常重視。多虧於此，孩子們總會加強練習平常不怎麼彈的鋼琴，所以家長們很喜歡讓孩子擔任伴奏。英珠媽媽也是出於這種心態嗎？

第一堂音樂課終於到了。我擔心如果只讓英珠伴奏可能會有失公平，所以先問了班上的孩子們，有沒有人想伴奏。看來有幾個孩子想幫忙伴奏，但他們並沒有舉手。我再次循循善誘問著孩子們，然後偷偷看了一下英珠。英珠稍稍撇過頭，迴避我的視線，我感受到了堅定的拒絕。怎麼回事？怎麼跟英珠媽媽說的不一樣。是因為學年剛開始，她不想過於顯眼，才故意裝作不喜歡嗎？

我告訴孩子，隔天我會再確認誰要擔任伴奏，草草帶過了第一天。

下課孩子們都回家了之後，我打了一通電話給英珠媽媽。

「英珠沒有自願要當伴奏呢！」

「哎呦，老師……所以您不需要問她的意見，就叫她當就行了。」

「直接叫她當伴奏嗎？」

「這孩子自己開不了口，但是老師如果要求她，她就會照做。」

「……六年級的孩子，如果不能站出來自願，應該都是有原因的。我們應該先看看她的原因是……」

「哎呦，我都說了，她就是沒有辦法自動自發，從小就是這個樣子。但只要要求她，她就會很認真。所以老師您就直接點名她吧，去年的老師也這樣做了……。」

英珠媽媽每句話的最後，都提到了去年的導師，其中應該有什麼原因，所以我去找了英珠五年級的導師。

「呼……英珠媽媽不是普通人。宋老師，你要好好處理。」

「處理什麼？」

「英珠媽媽會一直拜託你照顧英珠。但是你千萬別輕言答應，如果答應了就得做到，做不到的話可是會天下大亂的。」

「天下大亂嗎？」

「去年她也要我在音樂課上讓英珠當伴奏，但是英珠沒有自願，反而是另外兩個孩子自願要當伴奏。隔天英珠媽媽就來學校，要求我把英珠也加到伴奏名單裡。我跟英珠媽媽說，因為英珠沒有自願，身為班導如果任意把英珠安插進去，班導跟班上同學的信任就會產生問題，所以我沒辦法這麼做。然後英珠媽媽的臉色就不太好看。」

當時英珠媽媽可能覺得跟班導談不攏，所以她直接去找了另外兩位自願擔任伴奏的孩子，買了餅乾給他們吃，拜託他們讓英珠也一起加入伴奏。那件事成了英珠被其他同學排擠的契機。

到了高年級，孩子們會開始關注教室裡大小事的程序和形式是否符合正義，並關注不正義的事情，因為他們已經知道，遇到不正義的事情，自己的權益可能會受損。在孩子們眼中，英珠的行為就是抄捷徑。她不公開表示自己希望成為伴奏，而是透過媽媽的介入來取得伴奏的位置，孩子們覺得這種手段不足掛齒。

儘管最後英珠伴奏一事沒有發生，但是孩子們卻因此被分裂，班導也為此所苦。然而英珠媽媽今年又來找我了，看來她應該是沒有察覺英珠跟其他同學們之間不愉快的關係。

「怪不得今年都沒有人想出來當伴奏。」

「有可能是英珠媽媽的關係吧！去年發生的事情早就在學校傳開了，孩子們都不想跟英珠有關聯。英珠媽媽對於英珠的期待太高了，雖然英珠表現得很不錯……但有時候看到她，都覺得她好可憐。」

✽

隔天，我又問了有沒有人想要當伴奏，學生們依然毫無回應。我覺得如果再這樣下去，今年班導跟同學之間的關係又要變得尷尬了。

「嗯……通常想伴奏的同學都不在少數……我很想知道我們班怎麼會沒有人自願，不過如果大家都不想當，那也沒辦法。我不知道你們之間發生了什麼事，但既然沒有人自願，那我們班就決定沒有伴奏了吧！」

討論結束後，我便開始上課。

當天午休時，班上的善美跑來找我。

「我……想當伴奏，可是我怕英珠媽媽這次又會講話。」

「英珠媽媽？她說了什麼？」

「讓英珠加入伴奏……。」

「英珠？可是她沒有自願啊？」

「對，但是去年英珠媽媽有來找我，要我讓英珠加入。」

「原來如此。那如果英珠媽媽來找妳，妳想怎麼做呢？想讓英珠加入嗎？」

「……去年英珠媽媽一直跟我說情，所以我讓英珠加入了。可是就因為這樣，我媽媽跟英珠媽媽吵架了。」

善美說她因為擔心兩位媽媽又起爭執，所以決定放棄這次的伴奏——真是心地善良的孩子。一般來說，六年級的孩子在面對這種事情的時候，應該會大肆譴責英珠媽媽的態度，但是善美擔心英珠為難，卻是惜字如金。我告訴善美，謝謝她鼓起勇氣自願報名，我拜託她，假如英珠媽媽跟她說了什麼，務必要告訴我。

午休時間結束之後，我告訴其他孩子，善美自願要擔任伴奏，問了他們還有沒有人也想要當伴奏。由於沒有任何人回答，我就在黑板上寫下「伴奏人選！朴善美！」以此公告。

然而我心裡又有些過不去。按照去年班導的意思，英珠媽媽又會來找我，如果我不答應她的要求，她可能又會去找善美，用同樣的方式拜託她，這麼一來善美就又會受傷。

為了仔細了解去年發生的事，我打了一通電話給善美的媽媽。

「跟老師您說這種話，真的很不好意思……但英珠媽媽真的不是簡單的人物。之前孩子們在拍團體照的時候，因為英珠身高比較高，老師讓她站在角落。英珠媽媽還拿著相片跑來跟老師抗議，問他為什麼讓自己的孩子站在角落……。」

「原來還有這種事？」

「只要孩子們跟英珠稍微有點爭執，她就挨家挨戶打電話……簡直不是鬧著玩的。只要一提到英珠媽媽，媽媽們都是避之唯恐不及。」

「是有什麼契機讓英珠媽媽變這樣嗎？」

「她從之前就這樣。這次孩子跟英珠同班的媽媽們都已經開始擔心了。我也叫善美這次不要當伴奏了，但她好像還是跟您提了？我很擔心。」

我當時在想，我必須要見英珠媽媽一面，但在那之前我想先試著跟英珠談談，因為所有的一切都攸關於英珠的態度。

下課的時候，我拜託英珠留下來。等到孩子們都放學了，我和英珠面對面坐著。

「我聽說妳很會彈鋼琴，還得過很多獎呢！老師可以問問妳為什麼沒有自願擔任伴奏嗎？」

「因為我不想當……我雖然喜歡彈鋼琴，但是要在大家面前彈，我會很緊張。」

「妳經常跟媽媽聊鋼琴嗎？」

「媽媽要我以後成為一位鋼琴家。」

「哇，好酷。那妳想成為鋼琴家嗎？」

「我不想，每天搭公車去補習很累。我想要當幼稚園老師，但是媽媽要我當鋼琴家。」

「所以……妳是因為這樣才沒有自願當伴奏嗎？」

「對，最近要準備比賽，我每天都要花三個小時練習同一首曲子，真的很煩又很累，我在學校不想再彈鋼琴了。」

「但是媽媽好像覺得，如果妳擔任伴奏的話，會對妳練習鋼琴很有幫助。」

「我知道，去年她也這樣。但是我彈的鋼琴跟音樂課本上的伴奏根本不一樣，她什麼都不懂。」

「原來如此。那還是老師去跟媽媽說呢？這樣媽媽也不用多費心。」

「就算說了，我媽媽也聽不懂的，因為她根本沒學過鋼琴。」

「……其他同學好像都跟妳保持距離，妳知道原因嗎？」

「嗯，因為媽媽為了讓我當伴奏，去找其他人說情。」

「妳知道這件事嗎？」

「嗯，媽媽跟我說的。」

「那這次，媽媽又會拜託善美讓妳加入伴奏嗎？」

「也許吧！但我不想當伴奏，可以不當嗎？」

「當然啊，妳不想做的話就不用做。」

英珠在跟我談話的過程中，不知道是不是手指不舒服，她一直在揉手指。

英珠回家之後，我立刻打了一通電話給她媽媽。我告訴她，英珠覺得彈鋼琴很累，而且比賽給她很大的壓力，好像讓她失去了校園生活的動力。

「哎呦，不是只有我們家英珠這樣，比賽的時候本來就都這樣。如果想得獎，就得拚命彈比賽的曲子，不然還能怎麼辦？還要麻煩老師多多稱讚她，要常常叫她認真準備比賽。」

「但英珠說她不喜歡彈鋼琴，您要不要再觀察一下。」

「那當然，我每天都有在觀察。我每天都問她喜不喜歡彈鋼琴，她也說喜歡。現在的小孩能補習該有多幸福啊？我小時候想要學還沒錢呢，父母哪會讓我學。」

「英珠說她的手指頭很疼……如果持續疼痛的話應該去醫院……」

「（打斷我的話）她老是這麼說，不過每天彈鋼琴手指能不疼嗎？麻煩老師多多稱讚她吧！」

我們的對話，就好像油浮在水面上一樣，無法混為一談，是兩條平行線。

但我還是決定說出我原本打算拜託英珠媽媽的事。

「請問您去年是不是因為伴奏的事情，有去學校找其他同學？我擔心這件事情會造成其他人跟英珠之間的不愉快。」

「啊，您說那件事啊？去年那些孩子，跟英珠比起來，都只是會點皮毛的孩子，實力根本無法相提並論。他們是一些連比賽都沒參加過的孩子。」

「今年英珠很明確跟我說了，她不想當伴奏，所以我已經決定讓其他同學來擔任伴奏，我希望伴奏的事情就到此為止。」

「真傷心，我還以為老師您一定會答應我的請求……。」

我拜託英珠媽媽，不要讓英珠因為伴奏的事情跟其他同學處不來。但是不過幾天，英珠媽媽去找善美的傳聞又再度在學校裡傳開了。

英珠感受到了其他孩子們不友善的目光，幾乎沒有開口說話。也許是手指頭不舒服，她只要一有空擋就在揉手指。善美也同樣感到很不舒服，她明明堂堂正正自願取得了當伴奏的資格，但卻要一直考慮英珠。每當這種時候，我都會鼓勵善美——

「等過一段時間之後，同學們就會忘記這件事，然後重新窩在一起，大家開開心心的。」

英珠母親也許是對我感到失望吧，好一段時間都沒來面談。她本以為我會好好保護她的孩子，但可能是我太無情了，讓她心裡不是很舒服吧？

✽

夏季時分，英珠的媽媽又再度來訪學校，手中還拿著獎狀。英珠在比賽上獲得了最優秀獎。我讓英珠到教室的講台前，給予了她稱讚，孩子們也為她鼓掌。

當下的氣氛不錯，我指著鋼琴，趁勢問英珠可不可以演奏比賽的曲子給我們聽，但英珠搖了搖頭。一般在這種情況下，如果孩子們再度鼓掌、發出邀請，台上的孩子就會半推半就地演奏，然而台下的孩子們並沒有拍手。

教室裡，表面上看來一如往常，但是英珠卻默默地非常在意。當我在教室裡，孩子們好像跟英珠處得還不錯；但一到關鍵的時刻，他們好像又想跟她保持距離。在實用課和科學課上，若跟英珠分到同一組，孩子們會表現惆悵；校外教學要決定遊覽車座位時，他們也不會選擇跟英珠坐一起。

英珠通常都一個人待在教室，或是選擇跟同學們保持距離，自己默默地待在遠方。

英珠媽媽比起其他學生家長更常來面談，關於班上的這種氛圍，我也已經告訴她好幾次了，但她好像並不覺得有什麼。她說英珠本來就不喜歡跟大家處在一塊，而且社區裡也沒有半個孩子有值得她學習的地方。就算我拿出英珠寫著想放棄彈鋼琴的日記給她看，她依然聞風不動。

「老師，我們家英珠現在才六年級，怎麼會知道自己喜不喜歡彈鋼琴？孩子還小，就應該由媽媽來帶領她。您看看英珠的同學們，他們的父母生了孩子卻放任他們，什麼事都不讓他們做，每天就知道玩。跟這些孩子處在一塊，英珠能學到什麼？與其這樣還不如學鋼琴，不是嗎？英珠的哥哥之前也不喜歡讀書，老是追著社區裡的孩子們一起玩，最後也是我出手調教，送他上了教育大學。父母如果只忙著享受自己的人生，好逸惡勞，就教不好孩子，只要打起精神，好好教育孩子，孩子都會跟上來的。老師，您要是帶過孩子就會明白。」

這位媽媽在我看來，是不知現實為何物的「理想派」導師。不管我給出什麼建議，她都不打算接受，還反過來想說服我。儘管還有其他我不了解的地方，但我可以感覺到她很努力在教育子女。

由於我了解英珠媽媽的心態，所以我經常和英珠面談。英珠也許也覺得我可以懂她的心情，所以每當她疲憊不堪的時候都會寫在日記本上。

「彈鋼琴讓妳很累嗎？」

「對，可能是彈太久了吧，好膩。」

「妳的手指還很痛嗎？」

「手指倒是不要緊……但我就算想要跟大家一起玩，最後也還是得去補鋼琴課……。」

「哎呀，原來是因為沒有自己的時間，所以讓妳覺得很疲憊嗎？」

「鋼琴老師說，我現在是瓶頸期。」

「啊哈，所以妳才暫時不喜歡彈鋼琴嗎？」

「但是她說，如果我想要長時間彈鋼琴，就必須要擬定一個每次遇到瓶頸時的應對方法。」

「那妳的方法是什麼？老師很好奇。」

「休息幾天不去補鋼琴課，但是因為媽媽的關係，我還是得去。」

「那是因為媽媽覺得妳每天至少都要練一點，所以才這樣。」

「但是，我媽媽好像以為我補鋼琴課就一定都在彈鋼琴。其實有時候我根本就沒彈，只是去那邊玩一玩，然後就回家了。」

「哎呀，這是欺騙媽媽的行為呢！如果媽媽知道了，肯定會很傷心。」

「但是她老是要我去補鋼琴課。」

「那是因為妳很優秀，甚至能在比賽上拿獎，所以媽媽才想要培養妳的特長吧！對妳來說，這應該也是一件很值得感謝的事？」

「我雖然感謝媽媽……但是有點過頭了。我們補習班裡，只有我每天都要彈三小時，其他人都很早就走了……。」

英珠雖然這樣發著牢騷，但還是會遵從媽媽的意思，認真練習鋼琴和讀書。她就這樣辛辛苦苦地度過了這一年，畢業進了國中。

✽

英珠畢業之後，我偶爾還是會去英珠媽媽開的餐廳吃飯。她在英珠還小的時候就離婚，然後自己開了一間餐廳。餐廳位置在學校附近，雖然不大，但味道很好。

每當我去吃飯的時候，英珠媽媽就好像等了很久似的，總會向我侃侃而談有關英珠的事。例如：英珠現在通過了鋼琴的哪一階，又在什麼比賽上拿了什麼獎。

我雖然偶爾會問她英珠現在跟同學們處得好不好，但每次都得到一樣的回答——沒什麼問題。英珠媽媽總說，有媽媽在背後這麼認真地照料著她，孩子哪還需要操什麼心。

但是某一天，英珠瞞著媽媽蹺掉了鋼琴補習班的課，跑到市區裡玩耍。英珠媽媽說，那天是她第一次打了英珠。

「哎呀，您打了英珠嗎？」

「唉，她只要說『媽媽，我做錯了，我馬上就回去彈鋼琴』不就好了嗎？但是那天可能是因為在朋友面前吧，她瞪我，還頂撞我。」

「英珠頂撞您嗎？」

「她問我『為什麼只有我必須每天彈鋼琴？』不是啊，我什麼時候叫她做她不喜歡的事了？就是因為她喜歡，我才花錢讓她去上課。我為了讓她學鋼琴，花了多少心思！所以我就打了她的背，她哭得很傷心。她最近應該是到青春期了吧……。」

「哎呦，英珠還哭了啊……真令人心疼。」

「我從小就沒有打過她，但是您不知道，當她頂撞我的時候，我嚇了多大一跳……。」

後來英珠又反覆蹺了好幾次的課，國中畢業後，考上了藝術高中。從藝術高中畢業之後，又考上了音樂大學，但這還不是終點，後來她又去了歐洲留學。這段時間以來，那些在背後說英珠媽媽很極端的人，都羨慕地說：「果然只要媽媽盡力引導，孩子就會成長為媽媽期許的樣子。」回想英珠當年曾在日記本上寫下「我希望活在一個沒有鋼琴的世界」，看到她後來可以好好地度過這些危機，我為她感到非常高興。

但我聽到英珠去留學的消息時，已經被調派到其他地方了。

✻

那之後我跟英珠家斷了聯繫。好幾年後的某一天，剛年過三十的英珠突然跑來找我。不管怎麼看，她都不像是一位留完學衣錦還鄉的鋼琴家。

「我的孩子明年要上小學了，我現在也是一位家長了，老師。呵呵呵。」

「小學？小姐，妳現在才幾歲啊……？妳沒有去留學嗎？」

「去了啊，去完回來了。」

看到我吃驚的反應，英珠大笑了好一會。

英珠說，她去歐洲讀大學，同時也去旅行，第一次擺脫了媽媽的干涉，感受到自由。但是一個人在國外生活，同時還要讀書，是一場與孤獨之間的戰爭。後來她交到了一位去歐洲學料理的韓國男友，兩人開始過同居生活。每當想起寄學費和生活費給她的媽媽，她都會產生罪惡感，但是她也放棄不了這份幸福。就在這時，她意外懷孕了。英珠於是放棄了學業，抱著要跟男友結婚心態，懷著孩子回國了。

「您說媽媽嗎？她氣暈了啊。她這麼用心栽培我……我不但沒成為鋼琴家、大著肚子回來，而且還是跟一個連大學都沒上過的男生。」

英珠媽媽甚至關了餐廳，把英珠關在家裡。她還將孩子交給了孩子的父親，然後要求英珠馬上回去歐洲把書讀完。她雖然怒火衝冠，但又流著淚苦苦哀求英珠，然而那依然沒有用。英珠最終還是離開了家裡，一邊帶孩子，一邊經營著鋼琴補習班，孩子的爸爸則在餐廳裡工作。

如果英珠媽媽當年用更寬容的方式教育英珠，英珠會放棄鋼琴嗎？英珠的才能是來自於媽媽嚴格的教育嗎？為了實現夢想，讓孩子強忍著自己不喜歡的事情，就這樣度過成長階段也沒關係嗎？

不管父母再怎麼費盡心思操控孩子的人生，最後肯定也無法讓孩子按照自己的意思成長。孩子小時候為了生存必須遵從父母的旨意，但是長大之後，終究會回歸到自己想要的生活。

韓國社會的競爭非常激烈，在這種社會背景之下，很多家長教育孩子時都像英珠媽媽一樣，覺得自己有義務為孩子做點什麼。這些家長們制定教育計畫，根據孩子的發展路徑組織朋友圈、監視孩子，不讓孩子亂來。不管去什麼聚會，都以孩子的教育為話題，四處尋找孩子需要的情報。只要發現還不錯的東西，就想用在自家的孩子身上。而在這些決策的過程中，孩子的意見從來都不重要。

甚至還有些人認為，孩子就是會不斷想做些別的事情，所以他們要持續對孩子保持懷疑，限制和訓斥他們。也就是說，他們想在孩子進入青春期，開始露出本性之前，盡可能把父母理想中孩子的模板，灌注到孩子的身上。

這種行為就有如在打造一台機器人。如果做不到這件事，他們會認為自己好像不是好父母。他們害怕如果沒有好好教育孩子，以後也許會被孩子埋怨。

現代社會裡的父母，都對孩子抱持著一種理想。他們想要把孩子平安送進「那個世界裡」，而教育市場就在觸手可及的範圍內，誘惑著他們。哪有人會譴責那份望子成龍的心意呢？

雖然英珠沒能成為鋼琴家，但她看起來很健康也很踏實。然而，她卻花了超過十年的時間，才得以原諒那位無法接受女兒的母親，彼此也才又再度開始往來。

假如英珠按照媽媽的理想完成一切，依照媽媽的意思成為了鋼琴家，就跟當年在媽媽的帶領之下進到教育大學的哥哥一樣，那現在的她會是如何呢？她會過上比現在更好的人生嗎？

然而，所謂「更好的人生」，除了自己以外，豈是旁人可以評價的呢？

暴力的孩子，背後有什麼原因嗎？

四年級的下課時間。

三、四名孩子拿出圓規，正在畫著圈玩耍。其中一名孩子的圓規，夾鉗好像鬆掉，鉛筆掉了出來。他雖然再次把鉛筆插進去，鎖緊夾鉗，但不過一會兒又掉了。

他本來拜託一旁的朋友幫他，但坐在後方位置的藝俊搶先了他身旁的朋友，說：「給我，我幫你修。」然後一把搶走了圓規。圓規的主人雖然臉上不太愉快，但還是用溫柔的語氣告訴藝俊：「快點還我！」然而藝俊並沒有把圓規還他。當他伸出手，想要把圓規拿回來的時候，藝俊轉過身擋住他，說道：「吼，真是的！就說我會幫你修了！」

也許是因為心急，藝俊的手速變快了。難道是這裡出了錯嗎？圓規的夾鉗一下子鬆脫。他雖然再度把筆放回去，但夾鉗的洞似乎變得更鬆了，幾乎沒辦法固定住鉛筆。

實在忍無可忍之下，圓規的主人大聲地對他說：「喂，我的圓規被你弄壞了啦！」

「才不是，它原本就壞了。」

「才沒有，被你搶走之前，它還沒完全壞掉好嗎？（看著一旁的同學們）喂，你們也都看到了吧？」

看到一旁的同學們都跟圓規被搶的孩子站在同一邊，藝俊氣沖沖地說：「別搞笑了。我哪有搶你圓規？你們他媽的別說謊了，免得被我爸揍。」

放學之後，我把藝俊留下來面談。

「你知道老師為什麼留你下來嗎？」

藝俊很不耐煩。

「好了啦。我要去補習班了，我要快點走了，真的。」

「補習不可以遲到是嗎？」

「當然不行。我到補習班的時候，媽媽的手機就會跳出通知！我不可以遲到，遲到會挨罵。」

「你擔心會被罵嗎？」

「對，遲到的話就爆了。（假裝打自己的頭）死路一條。」

「那你得快點想想，老師為什麼留你下來。」

藝俊似乎放棄抵抗了，他說：「我知道啦！我不應該幫他修圓規的，但是我卻硬要出頭。我現在可以走了吧？」

「等等，什麼叫做出頭？」

「就是本來應該老老實實待著，但是卻選擇照自己的意思做事。」

「所以你原本想要老老實實待著，但卻沒能做到嗎？」

「對，但是今天輪到我幫他了。」

「輪到你幫他？」

「他上次買餅乾給我吃，可是我沒有錢，所以我才想說要幫他修圓規。」

兩個孩子平時是好朋友。但是藝俊一生氣就會爆炸，使得兩個人之間的關係越來越疲乏。

藝俊應該是真心想為朋友做點什麼，才要幫他修理圓規。但是**無法控制好憤怒，就算是善意也很難被他人接受**。

如果圓規能夠按藝俊的打算被修好，那該有多好？這麼一來兩個人之間的關係就會更加深厚。孩子的世界裡，有很多事情不能像大人一樣隨心所欲。

如果他能夠帶著這份想幫朋友修東西的熱情，在東西修不好的時候，有勇氣向對方道歉的話，事情會變得怎麼樣呢？這個孩子為什麼只培養了熱情，卻沒能培養出道歉的勇氣呢？

幾天後的午休時間。

三、四個孩子正在操場上玩球。孩子們用剪刀石頭布決定好順序，並各自散開一定的距離，依序開始傳球。如果朋友接球接得好，他們就為他鼓掌，不小心漏接時，他們也會幫忙彼此撿球，玩得不亦樂乎。

此時，藝俊跑來說想一起玩。孩子們好像不想讓他加入，所以並沒有爽快地答應他。沒想到，藝俊突然把球給搶過來，踢出了操場外面。孩子們立刻大叫，要他把球撿回來，然而藝俊沒有予以理會，打算直接走回教室。此時孩子們抓住他，叫他把球撿回來，藝俊粗暴地甩開他們，還爆了粗口。孩子們跑回教室。

「老師，藝俊搶了我的球，然後又把球踢到操場外面，還不撿回來。」

「什麼，竟然有這種事？」

我嚇了一跳，此時藝俊走過來說：「欸，是你們不讓我一起玩、排擠我，我才會這麼做。老師，排擠也是校園暴力吧？」

「你被朋友們排擠了嗎？」

此時，另一個孩子站出來說：「才沒有，那哪算是排擠？還不是因為你每天都想出風頭。」

藝俊勃然大怒：「你說謊，你滾開啦！神經病。」

孩子們聞言，鬧哄哄的。

「老師，他講髒話，他剛剛在操場上也有講髒話，他剛剛說『神經病，滾開啦』。」

此時藝俊突然發火了。

「對啦，我罵髒話了。去你媽的臭小子。你想怎樣！就是你不讓我一起玩！老師！他不讓我一起玩也是一種排擠吧？」

「老師你看，他每次只要情況對自己不利就這樣。明明是自己做錯事，還跑去跟媽媽告狀。」

我問藝俊：「你把球踢出去了嗎？」

「對，但我只是踢歪了。我沒有把球踢到操場外面，我是往天上踢。」

「那你知道球飛去哪裡了嗎？」

「知道。」

「是嗎？」

我牽起藝俊的手，說：「那你跟老師一起去把球撿回來吧。」

藝俊把手抽了出來，問我：「我為什麼要去？那又不是我的球？球是誰的叫他自己去撿回來。」

我又再次牽起了他的手。

「老師會跟你一起去。」

藝俊意識到周遭的孩子們，努力想把手抽出來。

「哎呀！放手啦，我的手腕很痛，我要報警了哦！」

「弄痛你的手，老師很抱歉。但就算這樣，老師也會跟你一起去撿球。」

最後，雖然一臉不願意，但藝俊還是無可奈何地跟了出來。

在教室裡氣勢洶洶的他，在跟班導獨處的時候表情變得非常平靜。

我問藝俊：「你知道為什麼老師要跟你一起來撿球嗎？」

藝俊依然一臉不悅。

「我不知道。」

「哎呦，那該怎麼辦才好？你要講出原因老師才能放你回家。」

「蛤？我今天要快點去補習班才行。」

「是嗎？那你就要快點想想原因是什麼了。」

藝俊想了一下，用一副無精打采的表情說：「我知道原因，因為我把他們的球踢走了。」

「可以告訴老師你為什麼要這麼做嗎？」

「他們不讓我加入，只想自己玩。」

「所以你生氣了嗎？」

藝俊突然開始啜泣，他說：「被排擠當然會生氣。明明是他們先有錯的，排擠是校園暴力。錯的是他們，為什麼老師只針對我？」

我幫他擦掉眼淚。

「如果他們讓你加入的話，你打算跟他們好好相處嗎？」

「嗯。」

「假如朋友本來已經先開始玩耍，你突然說想一起玩，但他們不想讓你加入……這時候是即使跟他們吵架也要加入比較好？還是試著去找其他朋友一起玩會比較好呢？」

「當然是去找其他人。但我聽說，會排擠朋友的孩子是壞朋友，他們連成為我朋友的資格都沒有。」

「你聽誰說的呢？」

「媽媽說的，他叫我不要跟這種人一起玩。」

「媽媽為什麼會這樣跟你說？」

「因為我跟他們玩的時候老是吵架。吵架之後，他們的媽媽就會打電話給我媽，然後我媽媽就會告訴我爸爸。」

「那爸爸都怎麼做？」

「……罵我。」

「哎呀，那該怎麼辦？你今天不是跟他們吵架了嗎？」

「才沒有跟他們吵架！我只是稍微踢了一下球，我又沒打他們。」

「你跟朋友們因為生氣都不講話了，這就是吵架啊！」

「才不是。老師不要照自己的意思解讀。」

「在我們教室裡，只有一個人可以決定你們有吵架還是沒吵架。那個人是誰呢？」

「……老師？」

「沒錯，而且老師覺得你還有一點做錯了。」

「我又做什麼了？」

「沒好好說話，罵髒話了。」

「我沒有講髒話。」

「你講了。」

「我哪有講？啊，煩死人了！」

「講髒話的人跟被罵的人，誰的心情會比較不好？」

「被罵的人心情會更差啊。」

「被罵髒話心情不好的記憶，是會立刻被遺忘，還是久久不能忘記呢？」

「久久不能忘記吧。」

「那你可以回教室問問看其他朋友們，他們應該都還記得你罵的髒話吧？」

「啊，不行啦，不要！我為什麼要問這種事？」

「你要講出自己罵了什麼髒話，然後講出這樣的行為是對還是錯，才可以回家。」

「我想起來了。但我現在不能跟老師說那些話，對吧？」

「不行，你先去教室問問朋友們，然後再跟我說。」

「我就說我已經想起來了，可是我不能在這裡講那種話啊！」

「不行，你先去問朋友們，然後再跟我說。」

藝俊癱坐在地上，開始哭泣。

「不要，我不要回教室。」

「我們快點回教室吧。」

「我不要！」

「我數到三。如果你還是不起來的話，我等一下就會打電話給媽媽，跟她說你不聽老師的話，問她我可不可以把你抱回教室，然後再把你帶回教室。一、二……。」

我拿出手機，在通訊錄裡找到了藝俊媽媽的電話，他很快就站了起來。我幫他擦掉眼淚，然後牽著他的手走回教室。

藝俊乖乖地跟著我，問了朋友們他說了什麼髒話，然後向他們道歉。

✻

每當藝俊覺得自己被逼到沒有退路的時候，他就會突然發火。憤怒一旦開啟，便難以平息。所以去年和藝俊同班的孩子們，都不想待在藝俊身邊。然而藝俊好像無法體會朋友們的心情，他只是想跟大家一起玩，因為被拒絕所以才生氣。他也因此才會把球踢得遠遠的，然後還爆了粗口。

低年級的時候，孩子們專注的焦點是自己，但隨著他們逐漸成長，焦點會漸漸轉向周遭的世界。韓國學校低年級的時候，孩子們只要學習國語、數學、快樂生活、機智生活、正直生活就足夠了；但從三年級開始就不同了，不僅會增加道德、社會、音樂、美術、體育等課程，還要學習英文，這些都是根據孩童的發展所決定的。

這段時期的孩子，在精神方面除了從教育接收訊息，還會把觸角伸向世界上各式各樣的事物。他們在面對朋友的時候也一樣。但是由於他們還不懂得如何博取朋友的喜歡，所以總是會發生大大小小的摩擦。

孩子們很害怕這種情況，因為如果被捲進衝突之中，不僅要花費很多精力處理，一不小心還會演變為吵架或是被討厭，這會使他們心裡很難受。因為他們沒辦法確定朋友們喜不喜歡自己，所以會在談吐和行為上特別小心翼翼，互相觀察彼此的反應。

但偶爾還是會有像藝俊一樣強勢的孩子，一想到什麼就毫不猶豫地付諸行動、用髒話來表述他每個瞬間所感受到的情緒。如此蠻橫的行為，會讓其他孩子停下腳步。但是在藝俊的眼裡，這些孩子們看起來就像是臣服於他，他會在害怕他的孩子們面前，展現出更強勢的樣子。

還有一些孩子，會故意聚集在像藝俊這樣的孩子身邊。他們以強勢的孩子作為中心，保持團結，並且大致上都有著跟藝俊一樣的傾向，或是把藝俊當成自己的模範——是一群也想展現出自己強勢一面，但是卻鼓不起勇氣的孩子。這類型的孩子，會徘徊在藝俊身邊，模仿他的行為。

也有一些孩子是為了得到藝俊的保護而聚在一塊。他們羨慕且讚揚藝俊吵架的能力，還有他那毫無顧忌破口大罵的魄力。與此同時，看著藝俊做出自己辦不到的脫序行為，他們可以從中獲得「代理滿足」[4]。脫序的程度越嚴重，他們就覺得越帥氣，幻想著自己有一天也能像這樣，帥勁十足地吵架或罵人，為此感到興奮。

普遍來說，這類型的孩子們凝聚力很強。他們對自己不夠光彩的行為感到自卑，所以更加團結。他們自己也知道，對朋友擺出逞兇鬥狠的表情或者對人破口大罵，都是讓人慚愧的行為，而想要戰勝慚愧，人多比單打獨鬥更容易，所以為了鼓勵和合理化彼此的行徑，他們更加團結一致。

大部分的孩子們都選擇遠離藝俊，總覺得跟他相處好像有點不太妙。從整體氣氛上看來，老師好像不太喜歡他、朋友們也都躲著他，所以就選擇先和他保持距離。藝俊的行為雖然看似危險，但也只不過是會讓人反感，不能因此就說他很壞，所以孩子們並不會直接出面責怪或干涉藝俊，他們也擔心藝俊可能會報復。如果向老師告狀，跟藝俊的關係就會變得緊張，所以只要不傷害到自己，孩子們基本上都會裝作不知道。

藝俊覺得自己已經是教室裡最厲害的人了，所以他並不想去了解身邊其他的同學們，為什麼會悄悄避開自己，他反而覺得其他孩子們藐視他，所以想展現出更強勢的樣子，以鞏固自己的地位。他會製造吵架的情境，展現出自己的吵架能力，或是展露自己罵人的樣子。

等到他在全班同學面前稱霸之後，下一個對象就是老師。這種孩子頂撞老師，目的並不是想要挑釁老師，而是想要向同學們展示自己的膽魄。他想要讓同學們知道，我是敢和你們害怕的老師「單挑」的人。就算不可能鬥得過老師，哪怕是讓他們看到自己敢反抗也行。所以他會故意裝作沒聽到老師的要求，或是刻意地調皮搗蛋。

4 編註：韓國詞彙，本指在觀看影劇時，對於劇中人物設定有強烈的投射與代入感。此處衍伸為觀看他人做出行為，產生的代入感。

看到孩子這麼做，老師肯定會加以斥責。不過他並不在意，因為他很清楚，老師的訓斥僅止於口頭上，法律早已明令禁止超出口頭以上的懲罰。即使自己被老師狠狠訓了一番也不打緊，因為他相信越是這樣，同學們就越覺得他很強。當同學們越來越羨慕他，他的地位就會越來越高。**這種有暴力傾向的孩子，其實是所有同學們一起創造出來的。**

當孩子一旦知道暴力可以控制他人，暴力就是非常具有吸引力的工具，於是他便很難放棄暴力。小小年紀就經歷過這種事情的孩子，長大會變成什麼樣的大人呢？

✽

藝俊是怎麼變成這麼粗魯的孩子的呢？

首先，我必須了解他的成長歷程，這部分只要和家長面談，就可以找出一些端倪。

「藝俊從小就被誇說很聰明，但他不太聽話。我很常罵他，但他總是堅持不願意妥協。他個性……好像有點強勢。」

藝俊媽媽在面談的過程中不斷嘆著氣。我小心翼翼地詢問：「對孩子來說，要反抗大人不是一件簡單的事。但普遍來說，小孩子就算不喜歡，通常也會聽媽媽的話，可是藝俊並不是……我覺得應該是有什麼原因造成的，這可能是藝俊不願妥協的個性使然，也有可能是他覺得媽媽好欺負。」

「我確實比較沒辦法果斷罵他。藝俊如果被我罵，他就會去找比他小三歲的妹妹出氣，所以我總會猶豫要不要罵他。」

「他跟妹妹的關係怎麼樣？」

「妹妹完全不敢反抗，不過幸好妹妹個性還算溫和。」

「也許妹妹是因為怕哥哥所以才裝乖，一年級的孩子不會對哥哥很溫和。您也要多注意一下妹妹。」

「但真的幸好妹妹蠻乖的……。」

「他們吵架的時候，您都怎麼協調呢？」

「兩個人都罵。如果藝俊對妹妹發火的話，我也會單獨把妹妹帶開。」

「我感覺藝俊好像把對媽媽的攻擊，發洩在了妹妹身上。您在管教藝俊的時候，他的態度怎麼樣呢？」

「唉，他不聽我的話。管他他會一直頂嘴，然後說一些不像樣的理由，惹我生氣。」

「他在反抗媽媽的過程中，也會爆粗口嗎？」

「嗯，有時候會。他看起來不是故意的，但是當我不讓他玩遊戲，或是跟爸爸告狀的時候就會。」

「那看來他不是慣性罵髒話，而是感覺自己被逼到無路可退的時候才會脫口而出。雖然這樣的行為不太對，但藝俊應該也是盡了力在保護自己吧！聽起來平常都是爸爸在管教藝俊吧？他會聽爸爸的話嗎？」

「對，爸爸罵他的時候都很嚴厲。」

「那您覺得爸爸管教的效果怎麼樣？」

「有效果，因為藝俊如果不聽話，爸爸就會打他。藝俊被打，就會說自己做錯了，拜託爸爸原諒他。」

「這種方式比起管教，更有可能使孩子學習到暴力。教育和照顧主要都是媽媽在負責……如果他因為跟媽媽在生活上發生的問題而被爸爸罵，藝俊可能會感到很混亂。」

「是的，所以他好像就更愛向我頂嘴了。但因為他也不聽我的話，實在沒辦法。」

擁有暴力傾向的孩子（特別是男孩子），大部分都跟家裡主要養育者（一般來說是媽媽）的管教方式不合拍。通常跟這些媽媽面談，會看得出媽媽覺得帶小孩很費力，她們贏不了孩子，所以失去了自己的教育標準，被孩子牽著走。因為這樣不斷滿足孩子的要求，也導致錯過了糾正孩子錯誤的管教時機。

如此一來，孩子將無法學習如何區分能做與不能做的事；學習不到觀察對方的情緒，選擇延後或禮讓自己原先想做的事情藉以獲得稱讚與肯定；也學習不到一時的忍耐可以帶來更大的滿足與快樂。

孩子從本能上可以知道媽媽什麼時候比較弱勢——苦苦哀求沒用的話就要賴，要賴再不行的話就去欺負妹妹，最後爆粗口。他知道當自己這麼做，媽媽的內心會受到動搖。不論用何種方式，孩子都會抓住母親的弱點，把事情引導到對自己有利的方向。

我們沒辦法因此責備孩子。這個時期的孩子沒辦法意識到，自私的行為會讓媽媽很辛苦。

令人擔憂的是，對於藝俊來說，媽媽是出生以來的第一個社會化對象。孩子們會按照和第一個對象建立關係的方式，繼續跟下一個人建立關係。教育過程中，藝俊在與態度不明確的媽媽拉扯之同時，也在練習著如何徹底實現自己的要求，所以他在面對妹妹或同學的時候，也用相同的方式對待他們。除此之外，他會認為他可以使用這種方式，和生活上遇到的多數人建立關係。

結果就導致費力的媽媽，開始把管教責任推給爸爸。

現在，是輪到跟爸爸面談的時候了。

藝俊爸爸聽到上述有關藝俊的事情後，臉上露出了驚訝的表情。

「我知道藝俊總是跟媽媽吵吵鬧鬧的……但我不知道他還有爆粗口。」

「對媽媽爆粗口，我感覺這已經不是單純想反抗媽媽了。」

「一般不都只是耍賴嗎？唉……什麼孩子竟然對媽媽罵髒話……。」

我問藝俊媽媽：「藝俊罵媽媽的事情，您沒跟爸爸說吧？」

「如果說了的話，藝俊爸爸會狠狠地打他和罵他。要是藝俊因為這樣走歪了，那該怎麼辦？」

藝俊爸爸嘆了口氣。

「我理解孩子媽媽的心情，但老是包庇孩子，就沒辦法教育孩子。」

「這個時期孩子口中的髒話和大人口中的髒話有點不同。他有可能就只是脫口而出，但發現父母被他的行為嚇到後，或許就會認為這個方法行得通。重點是要了解藝俊為什麼想罵人。」

「媽媽太寵他，導致藝俊好像更不聽話了。我希望媽媽能夠對藝俊果斷一點，但是她好像做不太到。」

「所以爸爸才更嚴厲地訓斥藝俊嗎？」

「對，我擔心如果連我都沒抓緊他，他會變得更壞……。」

藝俊媽媽看著老公的臉色說：「藝俊不聽我話的時候，我就會跟爸爸說，想要叫爸爸稍微唸他一下，但是看到藝俊被罵，我又覺得很難受。所以就更加包容他了……。」

「妳就是問題所在。爸爸在罵孩子的時候，媽媽應該站在爸爸這邊，但妳都站在藝俊那邊……。」

「那你讓藝俊坐好，一步一步好好引導他不就行了嗎？動不動就大小聲，還打孩子，把孩子弄哭的話，這還叫管教嗎？」

我請二位冷靜下來，接著說：「您們二位都這麼擔心藝俊，不曉得年幼的藝俊能不能理解您們的心情。但是藝俊覺得爸爸是不聽自己解釋就打人的人，媽媽是去跟爸爸告狀的人，他不覺得您們之中有誰是站在他那邊的。」

當父母在教養上的態度相左時，就會出現意見的分歧。在韓國的教養環境底下，會被責備的主要都是母親——「就是因為媽媽連一個孩子都教不好，最近才出現這麼自私的孩子」。

但是在媽媽們付出一切，讓孩子吃飽、穿暖、睡好的過程中，有幾個媽媽能夠明確區分出時間的斷點呢？再加上孩子也有自己的脾氣，所以媽媽們變得更加疲憊。

爸爸們以為只要媽媽可以更果斷一點，就能解決孩子的問題，因而責怪孩子的媽媽，然而這種態度並不具備教育意義。看到爸爸無視媽媽，大家也許會以為，孩子可能會想站在媽媽這一邊，但現實並非如此。孩子反而會認為「媽媽是可以被無視的存在」，然後這些想法層層堆疊之下，就造就出了孩子的自我認同。

我們必須要在為時已晚之前，改變孩子的自我認同。

我試著跟藝俊的父母做了幾項約定。

首先，藝俊爸爸必須讓藝俊知道，他是愛藝俊的，並且會為了他擔心。為了做到這件事，他必須改掉只聽媽媽單方面說詞就責備藝俊的習慣。除此之外，就算藝俊做了什麼該被教訓的事情，也要先充分聽取孩子的解釋，然後給予他修正行為的機會。訓斥孩子之前，要使用明確的語氣向孩子進行充分的解釋。平常也要準備藝俊會喜歡的遊戲，陪藝俊一起玩耍。

這麼做，不但可以讓藝俊透過向爸爸解釋自己的錯誤，來解決過去心裡積累的不滿，也能夠知道爸爸對自己有什麼樣的擔心，以及感謝願意為了陪自己一起玩耍而付出心血的父親。

對於教養比例比爸爸更高的媽媽，我做出了更具體的約定。由於目前媽媽對於藝俊的態度沒有從一而終，而是模稜兩可，所以沒辦法明確傳達訊息給藝俊，同時也會引起他的反抗。媽媽必須要**做出孩子可以理解的具體管教，一旦管教開始就不可以半途而廢**，要一直持續到藝俊承認自己的錯誤，下定決心不會再做出相同的行為為止。

藝俊罵髒話和反抗的行為，目的是要分散媽媽的注意力與模糊焦點，所以我們決定假裝不知道這件事。如果這個改變成功了，藝俊就會了解媽媽管教的決心，然後放棄反抗。

當藝俊欺負妹妹的時候，媽媽也不可以模稜兩可地罵幾句就帶過，要具體追究藝俊錯在哪裡。要讓妹妹在哥哥面前講出自己的心裡話，讓藝俊能夠感受被欺負的痛苦。

與此同時，他們必須要創造一些讓妹妹和哥哥可以一起同樂的事情，讓他們和睦相處。除此之外，也要讓藝俊扮演哥哥的角色（例如：帶妹妹去兒童圖書館看書，拜託他在回來的路上去買冰淇淋），如果藝俊表現良好，就給予他稱讚。讓藝俊扮演一個可靠的哥哥，從中獲得滿足感。

最終，**家庭共同體的連帶感，會建立起兄妹之間的親密感**。經歷過連帶感的孩子，會想守護這份連帶關係，不讓它被外力破壞。在這個過程中，就會成長出健康的自我認同。

✽

為什麼會出現有暴力傾向的孩子呢？因為他害怕如果不採取暴力的行為，朋友就會不聽自己的話，或認為自己很懦弱。這類型的孩子表面上看起來堅強，但實際面談之後，會發現他們的自尊感很低（和朋友起衝突的原因大多都是因為想跟朋友一起玩耍）。

如果自尊感夠高，孩子就沒有必要企圖證明自己的存在。正因為他想展現自己，卻不被理解，所以才利用罵人或暴力的一面來武裝自己。

為了博取朋友的好感，拚命送禮物的孩子，與表現出暴力行為的孩子，心態其實是相同的。這類型的孩子沒有選擇暴力，而是用親切與體貼來取代暴力，雖然這樣比較好，但遺憾的是，這類型的孩子也很辛苦。親切與體貼跟個性有關，某種程度上算是與生俱來，或是在成長過程中，透過適當的教育慢慢學習而成的，但這些孩子並沒有獲得這樣的機會。

以藝俊來說，他沒有得到媽媽和爸爸細心的養育。他與生俱來好勝心較強，但卻沒有人教育他該如何把好勝心轉換為成長的動力（一般來說好勝心較強的孩子都比較會讀書），因為他在成長的過程中，每當展現出好勝心，想取得外界認同的時候，就反而會挨罵。藝俊在不了解原因的情況下，發現朋友選擇和他保持距離，還挨爸爸打，可憐的他，處在無法培養自尊感的條件之下。

我告訴藝俊父母，如果將來媽媽能夠細心觀察藝俊的情緒並包容他，爸爸也不再只聽媽媽的片面之詞就打他，而是選擇和兒子建立紐帶關係，我相信藝俊一定會有所好轉，但如果想要做到這件事，他們必須要先下定決心。

所幸藝俊現在的自我還沒完全發育，所以很快就能獲得改善；假使這個狀態持續到高年級，藝俊的暴力傾向將會更難以被改變。

以我的經驗來說，輔導有暴力傾向的孩子時，最困難的地方在於家長，而不是孩子。

大部分的家長（特別是父親）都不願承認孩子有暴力傾向（也有可能是因為在老師面前覺得自尊心受創）。他們會說，孩子本來就是在玩樂、吵架和打架中長大的不是嗎？自己小時候也是這樣成長過來的，現在在這個險惡的世界裡也還是生存得很好。

與此同時，一些家長還會若無其事地罵小孩，動不動就揍小孩。當孩子輸掉遊戲，家長不但沒有給予鼓勵和安慰，反而是用當面斥責或冷嘲熱諷的方式來刺激孩子的好勝心。他們認為這麼做，孩子才能成長茁壯。

由於這類型的家長，自己在成長的過程裡也沒有經歷過**「溫柔比暴力更強大」**的經驗，所以也沒想過要這樣教育孩子。要跟家長分享這份問題意識，才是最困難的事。

比起在家裡，在學校和孩子相處反而沒這麼困難，因為孩子們「都還算」聽老師的話。除此之外，老師也知道孩子們不是故意使壞，而是因為不懂（大部分的孩子在懂了之後，就會努力修正）。

以藝俊來說，朋友不想跟他一起玩耍，那是朋友的決定，他不能用辱罵或暴力強迫朋友跟他一起玩。想要讓他了解這件事，過程需要花費一點時間（因為他身邊總是聚著一群跟他個性類似的同學，所以他無法意識到自己的方式是錯誤的），但是他依然漸漸努力地接受了。除此之外，我還讓他造了「想跟朋友一起玩耍的時候，如何先親切徵求對方同意」的例句，並做了練習。

發生爭執的時候，辱罵他人一定是錯的，所以我也要求他向對方道歉。放學之後，我會要他留下來，聊聊他罵人背後的真心話，然後讓他寫信給朋友。

反覆做了幾次這些事情之後，藝俊也了解了我的模式（爆粗口↓道歉↓表露真心話↓寫信下定決心不再罵人），行為上也自然發生了變化。

藝俊說，這段時以來會跟朋友們吵架，都是為了想要捍衛自己的存在感。我相信日後，他也會想要捍衛自己與家人之間的紐帶關係，甚至和朋友之間的友情。

真正的教育是——讓孩子了解**什麼才是生命中更重要的價值**。

作者的話

我女兒現在已經是成人了，下面這件事發生在她還是四歲的時候。

當時我去社區裡的鞋店買了一雙紅色拖鞋給她，那雙鞋在她走路的時候，會發出小雞的叫聲。

她好像很喜歡那雙鞋吧。她幫鞋子取名叫做「啾啾」，說要把鞋子放進寶箱裡面。她的寶箱裡面滿滿都是玩具，我雖然很擔心衛生問題，但禁止孩子做她想做的事情，我心裡又會覺得不太舒坦。所以每當孩子穿著這雙鞋出門回來的時候，我都會在玄關等一會，然後問她：

「多仁，妳把啾啾穿出去外面，一定沾到地板上的東西了吧？爸爸可以把啾啾拿去廁所擦乾淨嗎？這樣寶箱裡面的玩具才不會沾到泥土。」

「為什麼？啾啾沒沾到東西啊！我怕它沾到髒東西，我都只去乾淨的地方。」

天啊，她為了愛惜這雙鞋子，只挑乾淨的地方走，一想到這裡我就覺得她好可愛。但不管怎樣，出了門回來都還是得擦乾淨。

「真的嗎？那還是我們稍微抖一下灰塵，或是沾點肥皂洗乾淨？洗乾淨的話啾啾就會像新鞋一樣哦！」

「真的嗎？那我要用肥皂洗。」

我從孩子手上接下那雙鞋子，拿到廁所用刷子刷一刷，接著再幫她放進了寶箱裡。

當時，我每天下班後、吃晚餐前，都會帶著女兒到前山轉一圈。某天，她說她不想穿球鞋，想要穿啾啾去。

「可是穿著啾啾好像不能去爬山呢？如果腳流汗了，應該會很滑吧！」

「如果很滑走不動的話，爸爸背我不就好了嗎？」

「是嗎？那好啊！」

果不其然，怎麼可能穿著拖鞋去爬山。連入口都還沒到，女兒就已經開始哭鬧著她的腳不舒服。我就像早在等著這一幕發生似的，背著她爬到山上，汗流浹背。

隔天還是一樣、後天也還是一樣，只要女兒想穿啾啾去爬山，我就必須弄得滿身大汗。但到了第四天，她卻突然說自己要穿球鞋去。我問她為什麼不穿啾啾了？

「爬山的時候我不穿啾啾了。」

「為什麼？」

「因為爸爸會很辛苦。」

自從那件事之後，她好像更會思考，自己所做的決定會給他人帶來什麼樣的影響了。原本想穿著啾啾爬山，更重視自我中心慾望的女兒，開始有懂得關懷父親辛勞的想法。

是什麼改變了孩子呢？我不會輕易忽視女兒想穿啾啾的慾望，我選擇默默地支持她，但同時也表現出自己在忍耐著不舒服的樣子。假如我當初責備女兒，要求她穿球鞋的話，會怎麼樣呢？她可能就不會再表現出自己的慾望，而是選擇隱藏了吧！

自我認同就是這樣子建立起來的，這就是為什麼我們必須去**了解孩子心裡面的每一件小事**。

健康的自我認同，會把孩子培養成一個**溫柔**、**寬容且不受他人控制的人**。孩子們每個成長的瞬間，都是自我認同在層層堆砌的過程。

從事班導三十一年來，我接觸過無數次孩子們建立自我認同的時刻。所以我開始撰寫文章，想要讓家長們了解這些成長的光景。

無論如何，我希望世界上所有的孩子，都可以成為成熟穩重，並擁有著堅定自我認同的成人。

感謝金南熙總編輯，把我粗糙的文章潤飾地如此流暢，讓大家可以輕鬆地閱讀。近年來，許多書籍裡都富含著滿滿的信心，相信在書裡，不管什麼問題都能被迎刃而解，但是我寡淡無味且不知所云的文章，若不是有總編輯的提議，是絕對無法出版的。最後，也謝謝在總編輯工作的時候，總是在一旁等待著我們的輝京小朋友。

宋周鉉

國家圖書館出版品預行編目(CIP)資料

別再養育聽話乖小孩：給孩子無懼失敗的自尊，培養有主見、有鬥志但不執著輸贏的成熟個體／宋周鉉著；蔡佩君譯. -- 初版. -- 新北市：方舟文化，遠足文化事業股份有限公司，2024.01
面； 公分. --（教養方舟；4）
譯自：착한 아이 버리기
ISBN 978-626-7291-83-2（平裝）

1. CST：親職教育 2. CST：子女教育

528.2 112019664

方舟文化官方網站 方舟文化讀者回函

教養方舟 0004

別再養育聽話乖小孩

給孩子無懼失敗的自尊，培養有主見、有鬥志但不執著輸贏的成熟個體

착한 아이 버리기

作　　者　宋周鉉 송주현（SONG JOO HYEON）
譯　　者　蔡佩君

封面設計　吳郁婷
內頁設計　莊恒蘭
主　　編　林雋昀
行銷主任　許文薰
總 編 輯　林淑雯

出 版 者　方舟文化／遠足文化事業股份有限公司
發　　行　遠足文化事業股份有限公司（讀書共和國出版集團）
231 新北市新店區民權路 108-2 號 9 樓
電話：（02）2218-1417　傳真：（02）8667-1851
劃撥帳號：19504465　戶名：遠足文化事業股份有限公司
客服專線：0800-221-029　E-MAIL：service@bookrep.com.tw
網　　站　www.bookrep.com.tw
印　　製　通南印刷股份有限公司
法律顧問　華洋法律事務所　蘇文生律師
定　　價　380 元
初版一刷　2024 年 01 月
ISBN　978-626-7291-83-2　書號 0APE0004

缺頁或裝訂錯誤請寄回本社更換。
歡迎團體訂購，另有優惠，
請洽業務部（02）2218-1417#1121、#1124